燃犀回知錄

紫微楊 著

www.cosmosbooks.com.hk

書　　名 燃犀日知錄
作　　者 紫微楊
責任編輯 郭坤輝
美術編輯 楊曉林
出　　版 天地圖書有限公司
香港皇后大道東109-115號
智群商業中心15字樓（總寫字樓）
電話：2528 3671 傳真：2865 2609
香港灣仔莊士敦道30號地庫／1樓（門市部）
電話：2865 0708 傳真：2861 1541
印　　刷 美雅印刷製本有限公司
香港九龍觀塘榮業街 6 號海濱工業大廈4字樓A室
電話：2342 0109　傳真：2790 3614
發　　行 香港聯合書刊物流有限公司
香港新界大埔汀麗路36號中華商務印刷大廈3字樓
電話：2150 2100 傳真：2407 3062
出版日期 2020年3月／初版・香港

ISBN ： 978-988-8548-59-0

心古不投塵世好　道高方信布衣尊

紫微楊近照，其身旁之對聯為已故國學大師饒宗頤教授所書贈紫微楊者。

作者簡介

楊君澤先生，人稱「紫微楊」，精通多門中國術數，對「紫微斗數」及風水學均別具心得，「紫微楊」之名早已不脛而走。在香港喜研術數者，幾乎無人不識。楊君本身為一名報人，曾任本港多間報社編輯（包括《明報》編輯主任），以研究術數為業餘興趣。他退休經已三十年，年近九十耄耋之年，仍閉門沉醉於研究術數為樂事。

紫微楊共有九部著作，其早期的八本已合而成為「紫微楊·術數系列」，極為暢銷。現再在晚年重新修訂他的九本著作，將合而成為新的「紫微楊·術數系列」，由天地圖書重新出版，堪稱難得之作。

自序：燃犀照妖

一般人在一生過程中，許多時候都會遇到一些無法憑本身智慧去解釋或解決之事，不知如何處理才對！

所以，自古以來，不少人遇到疑難之時，便有人去求神問卜、開壇扶乩或求藉某門術數去得到啓示，方法不一而足。

至於誰最靈驗和有效，有時得看各人機緣！特別是在求術數指引上，中國術數各門各派，各有所長亦各有所短，再加上遇名師或庸師，所得結果是有很大分別的！

古時迷信的人，認為許多不可思議的事的發生，其背後是有鬼神或妖異在左右。所以，中國自古以來便有不少與鬼神溝通或洞悉妖異所在的方法。

據古老相傳，有一種最簡單而能看見妖異的方法，就是燃燒犀角。按辭源所載：《晉書溫嶠傳》，「嶠至牛諸磯，水深不可測。世云其下多怪物，嶠遂燬犀角而照之，須臾見水族覆火，奇形怪狀。」按「燬犀」後人多作「燃犀」，相傳犀角燃之可以照妖也。俗謂人明燭事物者亦曰燃犀。而業術數特別是以卜卦為生者，不管他們用的是易經卦、文王卦至六壬數，都十分相信自己所業是每天不斷與鬼神尋求溝通，所得結果是鬼神所告，所以才有「心誠則靈」和「再三瀆，瀆則不告」之語。

這部《燃犀日知錄》將記載一些不可思議的個案，既有為業術數者的遭遇，亦有精於術數而亦百思不得其解者。

此書是我在《明報》寫作的最後一部著作，完書於一九九四年，出版至今已有二十多年，近年經已斷版，現得天地圖書公司的支持，重新修訂出版再與讀者見面，在此得感謝天地圖書公司的編審部人員的一番努力。

紫微楊

己亥立冬後吉日

目錄

四、積德為先

六、無緣奈何

第一章 運數配合

犯了天律？

自古以來，鑽研術數或以術數為業者都知道有「天律有戒」。那就是不要隨便洩露天機，有人對此特別懼怕，處處小心提防，也不輕易把自己所懂之術數傳人，深恐犯戒。當然亦有不信者，漠視所謂「天律」，亦不管它有甚麼戒條，總之我行我素！在風平無浪的環境中，自然甚麼問題也沒有，但一旦遭遇到苦難或悲劇事件時，他們心中就一定會懷疑自己是否犯了「天律」？是否因過去洩露太多天機而致？

以下是一個自信犯了「天律」的業術數者的故事。

話說在戰後初期，國共內戰期間，時近冬至的一個寒冷的晚上，一艘從廣州駛往香港的漁船上，船艙內有數名搭客在瑟縮着。其中有一老一幼相靠地坐在一起，年老的約六十餘歲，膚色黝黑，兩鬢如霜，在暗黃的燈光下可看出他的心事凝重，氣色奇差。靠在他身旁的小子看來僅有十餘歲，兩人同樣穿着玄灰色的唐裝棉襖衫褲。

那老伯姓甘，人稱甘伯，過去在廣州業術數為生，擅長六壬數，由於推算準確，生意一直不弱。靠在他身旁是他的乾兒子，也可說是他的徒兒，大家都叫他「小甘」。雖然時在深夜，但因有風浪，漁船航行得十分不穩定，所以船艙內各人都未能入睡。

甘伯兩手緊握着身前的一個包袱。小甘看看手錶，忽然輕聲地對甘伯說：「是家裏替你開喪的時候了。」甘伯急速地用手掩着小甘的口，船上各人聞言大奇。

公園奇遇

小甘對甘伯說話時雖然很輕聲，但不知道是否那說法太使人訝異，船艙內幾位搭客聽到時，大家表情怪異，心裏在狐疑怎麼一個活生生的人，家裏人竟會在替他辦喪事！

甘伯用手努力的掩着小甘的嘴不讓他說話，然後躬一下身子對船艙內幾位表情怪異的搭客說：「孩子無知，不要聽他胡扯，罪過罪過！」

海上風浪仍大，船繼續顛簸的前進，各人席地坐在船艙內，雖然有所靠背，但仍難免有時會一歪一倒，所以各人都無法入睡。

不一會，甘伯放開了小甘，用眼示意他不要再亂說話。

船在左搖右晃，甘伯的思潮亦在起伏，想到家裏的人在替他辦喪事，想到自己不知是否真的犯了「天律」，弄到要逃難式的收拾細軟逃走，不禁流了兩滴老淚。

甘伯回憶起月前一個晨光曦微的早上，晨運後坐在公園的石凳上休息，拿出扣在褲頭的一個玉墜在把玩。時近「小雪」，天氣漸寒，公園地上的落葉也較多，遊人也較少。

甘伯全神把玩玉墜，也不知甚麼時候石凳另一旁多坐了一位老翁，甘伯輕瞟了他一眼，只見他鬚眉皆白，身穿黑色長衫，看來有八十歲，但精神矍鑠，且帶有點仙氣。

那老翁見甘伯斜睨他，便把手中枴杖輕輕往地上一插，也凝神望着甘伯。

但甘伯發現老翁的枴杖，雖是輕力一插，卻已入土甚深。甘伯心中忽然一凜。

星家大忌

那老翁凝視了甘伯一會後說：「你我素昧生平，今次公園相遇，同坐一石凳上，亦屬有緣也。老朽不材，但觀老弟氣色，月內將有一劫。然不知你所業為何，竟致於此！」說罷輕嘆了一口氣。

甘伯見老翁如此直言，錯愕良久，然後徐徐答道：「慚愧得很，為求餬口，賣卜於市。」

那老翁再問甘伯道：「近年賣卜，可有斷錯而誤人者？」甘伯倒也答得快，直言道：「江湖賣藝，偶有失手，亦屬平常事也！」

老翁聞言，似甚不悅，也不打話便扶着枴杖站起來，轉身離去。但只走了兩步，又忍不住回頭對甘伯說：「輕玩疏忽，乃星家大忌。請謹記積德行善，可離災殃。」甘伯覺得老翁舉止甚怪，也不知他是何方神聖？細味老翁的說話，心中漸漸有點忐忑不安。

轉眼過了一個星期，甘伯覺得心臟似常有不規則的跳動，加上食慾減退和咳嗽頻仍，健康似是日走下坡。甘伯是信命和懂命理的，他拿自己的「八字」出來看了多遍，覺得自己的壽元最低限度可有七十五歲。心中在盤算，起碼可多活十二年。壽元既不止此，也就不再理會公園老翁的說話了。

直到有一天晚上，甘伯覺得很不舒服，胸口痛和心臟似有東西堵着。這時候甘伯潛意識覺得有點事態不尋常，便匆忙以六壬數起一課，看一下到底自己病況如何，不料所得之卦象，立即把甘伯嚇得冷汗直流！

壽促一紀

原來甘伯所得之卦象，是為「身屍入棺」，懂六壬數的讀者，都會知道這是占問疾病最凶的一課，一般問病若得此課，是必死無疑的！甘伯再研究一下死期，日干之絕神臨月，那麼不出月內便是死期，六壬數是以月之「中氣」計算的，這時是「小雪」過後不久，那麼死期會是在「冬至」之前了。那就使到甘伯更為惶恐，亦更六神無主。甘伯再拿出自己的「八字」來研究，覺得無論如何也不似是這麼早便去世的。如果真的如六壬數所斷，那麼自己便少活了十二年，是為「壽促一紀」了。

算命的每以「一紀」來算，「一紀」就是十二年，據一般星家相信，積福可以延壽，所以有人生平多作善舉，每有「壽添一紀」之說。但「壽促一紀」的，顯然就是積孽所致，佛家所謂「孽」，就是惡因也！甘伯當然也知道和相信道理，但他並不覺得自己生平做過一些甚麼惡事。

這時他忽然想起公園老翁曾問他：「近年賣卜，可有斷錯而誤人者？」甘伯又想到當時自己心直口快的說：「江湖賣藝，偶有失手，亦屬平常事也！」話雖這麼說，但一時間也想不起自己曾經犯過甚麼大錯而誤了他人的。

一個人在知道自己的死期之後，心內之惶恐實在是無法言喻的，而且必定會想盡各種方法以求逃出鬼門關。甘伯對此自然也不例外，他一邊在想自己曾犯下甚麼大錯，可用甚麼方法彌補，一邊在想如何逃過這劫數。忽然他想到了一個可能是他救星的人。

見「鬼使者」

甘伯在心情極度惶恐的情形下，忽然想到一位住在城隍廟附近的朋友，江湖上稱他為「鬼使者」的，十分通靈——以現代術語來說，那就是第六感極強。「鬼使者」不但通靈，而且懂醫術、術數和一些茅山法等。

甘伯在回憶到這裏時，海面的風浪又大作，漁船左搖右晃得十分利害，使甘伯的思潮停下來再轉回到現實環境裏。他見船上各人的面色有點害怕，知道海面風浪確實很大。

甘伯心中在盤算，現在時近冬至，天氣應不至如此惡劣才對的，難道自己的劫數會是葬身海裏？想到這裏，甘伯覺得如果這樣，那麼船上各人都是無辜的，也是自己害了各人。

甘伯在暗中起一課六壬數，看是否此行平安。他暗暗禱告，如果此課極凶，那麼自己跳下海裏算了，不要再牽累別人。

說也奇怪，甘伯有這念頭後，他所得的一課雖是「退傳」，但「中傳」與「末傳」俱是「空亡」，那就表示他此行是平安的。

甘伯知道暫時的處境是有驚無險後，心裏也較為平靜點。不久，果然風浪漸漸平靜下來，漁船繼續向前航行，船上各人也好像舒了口氣似的。朦朦朧朧的，甘伯的思潮又再泛起，回憶到當日在城隍廟附近找到「鬼使者」時情形。「鬼使者」這外號雖然可怖，但其實他是一名面白無鬚，皮光肉滑，年紀看來只有三十餘歲的男子。但甘伯見他時，他劈頭的一句話，已使甘伯覺得他確實是名不虛傳！

關鍵在命

「鬼使者」見甘伯來找他，劈頭第一句話便說：「命在旦夕，求上蒼網開一面乎？」

「鬼使者」這麼一說，甘伯心中暗吃一驚，也隱隱感覺到他有未卜先知的力量。「鬼使者」對甘伯端詳了一會，然後對甘伯說：「你把舌頭伸出來向上翻，讓我看看。」

甘伯如言照做了，「鬼使者」只看了一眼便說：「舌底黑氣纏繞，心臟血管看來漸漸堵塞，近日常覺胸口心痛乎？」甘伯覺得「鬼使者」確實高明，心裏佩服得五體投地。便反問「鬼使者」說：「我這個病真的會使我危在旦夕乎？」雖然面對着一個在死亡威脅中的人，「鬼使者」仍好整以暇的說：「疾病之能否治好，許多時是關乎個人之命運！也就是說，同樣的病，有人可以治好，有人卻由此而歸西。有人重病得治，有人病淺而亡，這不是命乎？」甘伯覺得「鬼使者」說得很有道理，便囁嚅的問：「你看我的病能否治好，能否藉助甚麼藥物或者法力可以逃出生天？」

「鬼使者」在低頭思索，時而掐指推算。

甘伯卻迫不及待的說：「請念在我們是相識多年的朋友，務請想辦法救我，而且……我可以重酬你。」

「鬼使者」聽甘伯這麼一說，立即停止思索和推算，正容的對甘伯說：「枉你在江湖這麼多年，其實你也應該知道，你現在面臨的劫數，任何人出手救你，也不會是為了酬勞，難道這點你都不明白？」

甘伯唯唯，終於「鬼使者」提出了一個頗特別的建議。

另尋渠道

「鬼使者」對甘伯說：「我知道你擅長六壬數，故知你一定起過一課，知道自己將有大難或刼數難逃，然後來找我幫忙的。」

甘伯連聲說：「對對，我為自己起過一課，是『身屍入棺』之象，那才恐怖和使人惶恐不安呢！」

「鬼使者」點點頭，表示明白甘伯的心情。

接着甘伯又說：「最使我難以明白的，是我的『八字』顯示我還未到壽終的時候，這是六壬數與八字所得結果的一大矛盾。」

「鬼使者」十分留心聽甘伯的說話，低頭思索了一會，終於對甘伯說：「一命、二運、三風水，你應了解的，既然術數方面對你命運的顯示有所矛盾，不如我介紹你到這附近的道觀去扶乩，看仙人對你有何指示，然後再作理會。」

甘伯覺得「鬼使者」這個提議，對普通人來說並沒有甚麼，但對他來說就頗為特別和心裏有點尷尬的感覺。因為甘伯心裏在想，平日自己以六壬數為人解決疑難，每日都做着他認為是與鬼神溝通的工作。到現在自己有疑難了，卻要去求道觀扶乩，另找渠道去與鬼神溝通！

在甘伯表現得無可無不可之時，「鬼使者」又問甘伯說：「你懂風水學的嗎？你家居有沒有找名家看過風水？」

甘伯這下反應倒快，馬上說：「我不懂風水，也沒請人看過風水，不過我倒認識一位風水名家姓姜的，人稱姜翁。」

「鬼使者」連聲說好，然後要甘伯附耳來聽他說話。

劫數能逃？

「鬼使者」在甘伯的耳邊輕聲說：「我有很強烈的感覺覺得你可逃過這劫數……」「鬼使者」還未說完，甘伯已興奮的搶着說：「真的嗎？」「鬼使者」沒有答他，接着說：「但你一定要聽我的話，得到足夠的啓示之後，自然有辦法。」

甘伯連連頷首，然後「鬼使者」十分認真的對甘伯說：「你明天早上再來找我，我帶你到附近的道觀去扶乩。今晚我會預先為你約好乩手。」

甘伯連聲道謝，表示明早一定依約前來。

兩人就此分手，臨別「鬼使者」還再三叮囑甘伯不可遲到。

一宿無話。翌晨，甘伯一早醒來，在門前掛起了「休業一天」的啓事後，便趕着寫了一封十分客氣和恭敬的信給姜翁，希望姜翁能在下午抽時間到他家裏看風水，並表示如果當天下午不行，翌晨也可以。着徒兒小甘馬上送去，自己則匆匆的趕去應「鬼使者」的約。

到了約定地點，「鬼使者」已在那裏等候，這早上「鬼使者」上身穿着藍色的棉襖，配襯着黑色的褲子，足登黑色布鞋。在早晨的曦微陽光照射下，面色粉白之中略帶青色，見到甘伯前來，微笑露出口中參差的門齒，頗真有點「鬼」的味道。甘伯暗暗訝異他的外觀與神態好像與昨日有點不同。

他帶領甘伯走進附近的一間道觀，只見神壇上香火繚繞，壇前坐有一名滿臉黑痣的中年男子，口中唸唸有詞。

扶乩起願

「鬼使者」豎起右手的食指貼在唇邊，對甘伯表示不要說話。

不一刻，那滿臉黑痣的中年男子好像突然從夢中醒過來的樣子，站起來伸伸懶腰，見到「鬼使者」站在一旁，忙着過來招呼。

「鬼使者」介紹那男子給甘伯認識，原來他就是這道觀的乩手。

「鬼使者」代甘伯道明來意，說因甘伯不久前起過一課六壬數，知道有一劫數即將來臨，希望祖師指點，如何可以逃過大難。

那乩手點點頭，隨即吩咐甘伯在壇前上香，把要說的話在心裏向神明說就可以，不必說出聲音來。

甘伯依言照做了，並暗中許下一個願，如果自己得脫此難，今後將素食終生及多作善舉。

那乩手見甘伯已做過一切儀式，隨即拿起乩筆，在沙上隨意畫幾下，然後閉起眼，口中唸唸有詞。

不一刻，神靈似已降臨在乩手身上，乩筆開始在沙上寫字。

開始時連續寫了許多「善」字，「鬼使者」與甘伯正在莫名其妙之時，乩手開始在沙上寫了四個字。「鬼使者」與甘伯細看一下，原來是「其兆在船」四個字。但隨即乩筆又再在沙上寫字，接連的寫了三句，「鬼使者」與甘伯齊聲唸出來，是「一人在柩，一十八日，水巷逢春」。

甘伯最為敏感，一看見「一人在柩」這四個字，已差不多暈了過去。但「鬼使者」馬上拍甘伯的肩膀說：「我明白了，我明白了！」

耿耿於懷

「鬼使者」看來胸有成竹，頻說：「我明白了！」但卻沒有對甘伯說明他明白甚麼。甘伯站在一旁，見「鬼使者」似乎很開心，知道他一定知道乩文的意思。

甘伯終於忍耐不住，輕聲的對「鬼使者」說：「你可以告訴我那四句乩文是說甚麼嗎？」

「鬼使者」沒有立即答覆甘伯，這時乩手好像悠然醒過來的樣子。「鬼使者」先向乩手謝過，然後示意甘伯向乩手表示謝意，隨後兩人就步出道觀。

在街上，甘伯由於對乩文中的「一人在柩」那四個字耿耿於懷，便又忍不住再追問「鬼使者」，要他解釋乩文的內容。「鬼使者」不知是賣弄關子還是甚麼，兩手插在棉襖的袋子裏，態度表現得很有信心，他回答甘伯說：「等我綜合了所有的啓示，然後把結果和辦法告訴你。」

甘伯有點不悅的說：「那要等到甚麼時候呢？」

「鬼使者」立即說：「對了，你甚麼時候可以請到風水名家姜翁來你家看風水？」

甘伯把今晨寫了信的事告知「鬼使者」，但表示現在不知道姜翁是今午來還是翌晨來。

「鬼使者」不知是否有意考一下甘伯，馬上說：「那還不容易，你既是擅長於六壬數的，現在立即起一課，那不是立刻就知道姜翁是今午還是翌晨來你家看風水嗎？」

甘伯連忙說：「對，對。」結果他就在街上掐指推算，即時占一課。不一刻甘伯好像知道結果，只是面露狐惑之色，頻說：「奇怪，奇怪。」

占算奇準

「鬼使者」問甘伯奇怪甚麼？甘伯搔搔頭說：「沒可能那麼快的！」

「鬼使者」到底聰明，只這麼一句話，已給他猜到甘伯的意思，微笑的說，「是姜翁已到你家了嗎？」

甘伯反問「鬼使者」道：「你怎麼知道的？」終於甘伯搖頭說：「從所占的一課來看，姜翁還未到我家，只是在去我家的途中。但這已是太快了，快得使人難以相信，因為姜翁住得頗遠，以時間來計算，照道理小甘應還未去到姜翁的家裏才對。」

「鬼使者」聽甘伯這麼一說，心裏同樣覺得奇怪。只是他是處事較果斷的人，立即說：「既然姜翁已在去你家途中，那麼我們趕快回去，一切事情自有分曉了！」

甘伯點頭說：「對，對。」

兩人便加快了步伐向甘伯家裏走去。甫抵家門，不一刻，已見小甘與姜翁一步一步的向着甘伯的家走來。

甘伯指着不遠處的小甘和姜翁，興奮地對「鬼使者」說：「他們來了。」這時「鬼使者」

覺得甘伯的六壬數確實不錯，能在較早前那麼準確地推算到姜翁在前往他家的途中，說來也真有點神奇和使人難以相信。姜翁來到甘伯跟前，兩人寒暄一番後，甘伯便介紹「鬼使者」給姜翁認識。只見姜翁身材高眺，年紀看來五十餘歲，但已滿頭白髮，兩腮有鬚，眉毛甚濃，卻都是黑色的。身穿黑色長衫，肩膀上掛有一個灰色布袋。

這時小甘站在一旁，好像有話急着要對甘伯說的樣子。

風水所示

小甘拉拉甘伯的衣角，表示有話要與甘伯說。甘伯知道小甘的意思後，與小甘走到一旁，聽小甘說話。原來小甘說他早上送信去給姜翁時，在半途就剛巧遇到姜翁，把信給姜翁看後，姜翁躊躇了一刻，接着說他下午與明天早上都有事要辦，不能應約，只好就現在趕來。小甘說到這裏，甘伯馬上明白姜翁為甚麼那麼快便到了他家裏，與早前所占之六壬數所得的結果一樣，亦奇也。甘伯知道姜翁下午還有事要辦之後，就不想阻姜翁太多時間，馬上開門見山的對姜翁說：「小弟近日心情非常惡劣，是因日前染病占得一課極凶的課。希望你看看我家的風水，是否有甚麼問題？」

甘伯的地方是前舖後居。也就是說在一間平房的地下，前面是他日常替人占卦營業之處，後面則是他與老伴居住的地方。甘伯本來有兩名兒子，年紀都在三十歲之外，但都沒有學六壬數，未有繼承甘伯的衣缽，而且都跑到香港去謀生。可能因此甘伯夫婦覺得寂寞，就收了小甘這位乾兒子和教他六壬數。姜翁也可能因為下午有事，不願多所耽擱，便二話不說地從布袋裏取出羅盤，就在甘伯居所不遠處量度。

甘伯所住的房子是四運坐子向午的，東南方為十字路口，平日頗多人車來往，且路面稍稍向東處傾斜。姜翁測量一番後，收起羅盤，隨着說：「雞交鼠而傾瀉，必犯徙流。」甘伯與「鬼使者」一時間丈八金剛，摸不着頭腦。

必犯徙流

甘伯與「鬼使者」因為都不懂風水學，所以不知道姜翁所唸的那句「雞交鼠而傾瀉，必犯徙流」是出自《玄空秘旨》的。姜翁隨着對甘伯解釋說：「你這房子的風水，今年從飛星來看你會有病，但理應有驚無險。不但如此，你本年之內會有遠行。」

甘伯在搔搔頭，心想今年將盡，自己一直未有遠行之想，怎會有遠行呢？姜翁接着説：「你這房子有一現象，就是你入住以後，家人一直很少能團聚的，不是這個出外就是那個出外。」甘伯想了一下，對姜翁説：「我入住這裏後，兩個兒子都先後遠赴外地謀生，這算不算呢？」

姜翁馬上答道：「這當然算！」然後又再唸那句「雞交鼠而傾瀉，必犯徙流」。

按甘伯所住的房子，既是四運坐子向午，則門前的左手方便是東南方，亦即「巽宮」，以飛星來説，便是一七所到之地。一為子為鼠，七為酉為雞，是故《玄空秘旨》所説的「雞交鼠而傾瀉，必犯徙流。」就是指一七同到的意思。

姜翁見甘伯似不大相信，便再對甘伯説：「你今年有病，是因為後門在東北方（艮宮）所致，你以後把後門關起來，不要讓人從那裏進出，會對你的病有所改善的。」甘伯唯唯諾諾，只是仍表現得半信半疑。而「鬼使者」站在一旁，卻好像十分明白的樣子。姜翁忽然對甘伯説：「你頗喜好杯中物的，對吧！」甘伯説：「這也可説對。」隨着姜翁又再問甘伯一個問題，使甘伯更為愕然。

豁然貫通

姜翁問甘伯說：「你住進這房子後，尊夫人……」

甘伯急急的問：「內子住進這房子後怎樣？」

姜翁好像有點不好意思的說：「尊夫人住進這房子後，有點青春長駐的現象。」在中國上一輩的老人家來說，都極少稱讚人家太太漂亮的，所以姜翁也只好轉彎抹角地說。甘伯低頭思索了一會，心裏覺得也對。這時甘伯見到自己的太太從屋裏走出來，也覺得比實際的年齡看來要年輕許多。雖然已五十歲，看來是四十許人。

甘伯介紹太太予姜翁及「鬼使者」認識後，便邀請各人入屋裏坐，再叫小甘奉茶。但姜翁說要趕時間，便擬告辭。但甘伯拉他到一旁輕聲而鄭重的問；「這房子真的不會出現甚麼凶險之事吧？」姜翁答得很快而且直接了當，看來是很有信心的說：「你放心吧，除了你會遠行外，不會有甚麼問題的！」至此甘伯仍有點不服氣，因為自信近期不會遠行，但又不好意思再與姜翁爭拗下去。

終於在姜翁再請辭下，甘伯便送他到了街口，然後自己返回屋子裏。這時只見「鬼使者」

站在屋子中央東張西望。「鬼使者」見甘伯回來，便對甘伯說：「我雖然不懂風水學，但我有很強烈的感覺，覺得姜翁所判斷之事是對的。」「鬼使者」稍稍思索一會，忽然似豁然貫通自言自語的說：「對了，有辦法，有辦法。」隨即對甘伯說：「我現在可以教你趨吉避凶，逃過劫數之法。」

不寒而慄

甘伯見「鬼使者」說可以教他逃過劫數的辦法，便拉「鬼使者」到自己辦公桌前坐下。然後興奮地對「鬼使者」說：「有甚麼辦法可使我逃過大難？」

「鬼使者」見甘伯真的心急，也深知甘伯這番的惶恐是因為突然染病和六壬數太靈驗。所以對「身屍入棺」的一課，每一想起就不寒而慄。因此，「鬼使者」也不忍心再賣關子，當下詳詳細細地綜合當日所得的各方啓示向甘伯解說。「鬼使者」從衣袋裏摸出一包香煙，抽出兩根，遞一根給甘伯，另一根則自己輕輕的咬在唇上。甘伯忙找火柴替「鬼使者」和自己燃點香煙。

香煙燃着了，「鬼使者」深深地抽了幾口，向空中吐出幾個齊整的煙圈，然後滿有信心的對甘伯說：「綜合各方包括神明的啓示，你應該可以逃過這番大難。」說到這裏，「鬼使者」稍為停頓了一下，似在整理腦海中的資料，然後對甘伯說：「你還記得今晨扶乩所得的乩文嗎？」甘伯說：「當然記得。」

「鬼使者」說：「那你就唸給我聽吧！」

甘伯稍一思索，便說：「我記得乩文共有四句，合共十六字，那就是『其兆在船，一人在柩，一十八日，水巷逢春』。」「鬼使者」說：「那就對了，你的記憶力還不錯呢！不過相信你最恐懼的是『一人在柩』這四個字，對吧！看你今晨見到這四個字幾乎暈了過去，也實在太敏感了。其實是神明教你逃走的。」甘伯愕然，「鬼使者」便開始解釋。

解釋乩文

「鬼使者」說：「從各方面所得的啓示，都是教你逃走的，而且除了逃走之外，還有一件頗為使人寒心的事要你辦。」甘伯十分心急要知道結果，便把手中的香煙弄熄，催促「鬼使者」快些說下去。

「鬼使者」見甘伯實在心急，便也不再兜圈子，開門見山的說：「現在我先解釋那十六字乩文給你知道，第一句『其兆在船』那是說『逃』字，是『兆』字在『辶』上，這象形還不是『逃』字！第二句『一人在柩』那是『亡』字，因為『亡』字的古寫為『亾』，即人在柩中。第三句『一十八日』是香字，『香』字拆開來就是『一十八日』，至於『水巷逢春』那是說『港』字。」至此甘伯好像恍然大悟的樣子。

但「鬼使者」繼續說：「全部合併起來的意思就是『逃亡香港』，可以逢春，也就是說回天有術了！」甘伯即時拍案說：「對，對，太對了！」「鬼使者」見甘伯十分高興，以為逃去香港便可以有救，便對甘伯說：「除此之外，還有附帶條件的。」

甘伯忙問：「還有甚麼附帶條件呢？」

「鬼使者」再抽口香煙，然後接着說：「如果你只逃去香港便有救，由此而可以『逢春』和回天有術的話，那麼你的六壬數的卦象『身屍入棺』便不準確了，對嗎？」

甘伯在低頭思索，覺得「鬼使者」所言甚是。接着便又心急的問「鬼使者」說：「那麼你說有附帶的條件，那到底是甚麼呢？」

不料「鬼使者」說了出來，甘伯瞠目結舌。

要「死」一次

「鬼使者」對甘伯說：「那是要你死一次，那麼你的六壬數所得的卦象『身屍入棺』才叫準確！」

甘伯瞠目結舌，結結巴巴的說：「你叫我如何去死一次呢？死了還會復活乎，還可以逃亡乎？」甘伯還未說完，「鬼使者」已在哈哈大笑。

「鬼使者」知道甘伯仍不明白，眼睛溜轉了一下，再對甘伯說：「你逃亡是必定要做的事了，因為扶乩所得的乩文既叫你逃亡；在風水上，姜翁也說你會有遠行，這是說『逃亡』已成無可避免的事。」

甘伯嘆口氣說：「要我逃亡那並沒有問題，也不困難。只是你說要我死一次，那到底是甚麼意思呢？」

「鬼使者」說：「你之所以遭逢此劫，看來是過去替人占卦時曾有嚴重的錯誤判斷，害了人而致的。這是我的預感，無法對你解釋。但扶乩開始時的幾個『善』字，看來神明的意思是你要行善為先，多作善舉以為補救，否則縱使逃走也未必有效。」

甘伯唯唯諾諾。但甘伯這時心中覺得最重要的，也不是這些。而是如「鬼使者」所說怎樣去應六壬數的——怎樣「身屍入棺」？

終於，「鬼使者」揭開謎底，輕聲對甘伯說：「你知道有『衣冠塚』這回事吧！」甘伯恍然大悟，正在高興之時，「鬼使者」又在皺眉。

建衣冠塚

甘伯見「鬼使者」在皺眉，知道事情仍有枝節，便問「鬼使者」道：「營造一個我的衣冠塚，事情不是已經解決了嗎？不是已經應了數嗎？」

「鬼使者」沉思了一會，輕聲的對甘伯說：「我認為你要用你生平所學，推算一下你的『死期』，然後在『死期』那天讓家人替你辦喪事，好像你真的死去似的，然後你就在那天逃去香港，這樣就天衣無縫了。」

甘伯細想一下，覺得「鬼使者」所說也有道理。

接着「鬼使者」又說，為求逼真，你要叫你遠在外地的兩名兒子回來，由妻兒一同來替你辦喪事，在你「死期」那天為你披麻戴孝守靈，然後擇日「出殯」，棺內有你的衣服，有你的生辰八字，這樣去營造衣冠塚，才切合你占六壬數所得的卦象。

甘伯在連連點頭稱是的時候，「鬼使者」見甘伯聽信自己所言，便對甘伯說：「我要回去了，你懂得打點一切了吧。」甘伯唯唯，連聲稱謝。

「鬼使者」離去後，甘伯便開始試用自己的八字去推算「死期」，但不管怎樣算，還是覺得自己不是如此壽短的。終於他找出當日所占的一課六壬數，從六壬數去找尋「死期」，結果他認為最凶險的日子是在冬至前三天。

「死期」既已推定，甘伯便開始部署一切。不料翌晨他的兩名兒子突然不約而同回來，見甘伯時都有點怪怪的表情。

不祥預感

甘伯見兩名兒子突然回來，也有點愕然。心中奇怪他們為甚麼不早不遲，剛巧在這個時間一同回來。

甘伯兩名兒子，都是在香港謀生的，長子名大川，次子名小川。甘伯詢問他們兩人為甚麼今天突然回來時。兩人的答覆都完全一樣。是突然心中覺得忐忑不安，行不是坐不是，正是坐立不安，好像有種極凶的事快要發生，風雨欲來的樣子。而且有種不祥的預感，好像告訴他們家中快有凶險的事發生，潛意識也好像推他們趕快回家的樣子。

甘伯聽兩名兒子這麼說，心中有悲喜莫名的感受。孩子有近乎通靈的預感力和孝順是使他高興的。

接着甘伯的長子說出他們兩人不約而同一起回來的原因。原來長子大川與次子小川在香港都各有家室，分別住在不同的地區。大川住在上環，而小川住在灣仔。在大川那日覺得心中忐忑不安和有一種不祥的預感之時，正想去找小川。不料小川卻到了國內公幹，所以心急之下便只有自己先回來。無巧不成話，不料小川同樣有大川的預感，在公幹中也興起回家看看的念頭，結果就在回家的途中兩兄弟湊巧的遇上了。大川、小川兩兄弟在家中午飯後，見父母都平安無事，家中亦不見有任何事故，心頭大石也放下來。便同時對甘伯說只在家中住一個晚上，明晨就回香港去。甘伯正想把要辦的事告訴他們，只見「鬼使者」又氣喘喘的來找他。

選擇漁船

「鬼使者」一進門，便馬上拉甘伯到一旁，好像完全沒有看見甘伯兩名兒子在旁的模樣。甘伯心中正在納罕，「鬼使者」到底有甚麼事急成這個樣子。就在這時，「鬼使者」要甘伯附耳過去，好像有很秘密的事要告訴甘伯。

原來「鬼使者」說，由於這事涉及天機，只能輕聲的說，他問甘伯推算了「死期」沒有。甘伯表示已經推算出來了，是在冬至前三天。

「鬼使者」點點頭，表示知道了。接着他十分鄭重的對甘伯說：「我昨夜回去再想過，覺得你這次『逃亡』應十分秘密進行，千萬不可張揚，所以，你逃走時所用的交通工具，也不宜是太多人乘搭的。而且乩文說『其兆在船』，那麼利用船來逃走會更為貼切。」甘伯覺得「鬼使者」所說也很有道理，稍為思索一下便回應「鬼使者」說：「要選少人乘搭的，相信最佳莫如乘漁船了！」

「鬼使者」連聲說：「對，對。」

接着「鬼使者」從懷裏掏出一大包東西塞向甘伯的手中，說是治療心病很有效的中藥，希望他逃到香港後服食，並說希望既藉術數亦藉藥物雙管齊下來協助他逃過此劫！

「鬼使者」走後，甘伯已迫不及待，要兩名兒子和妻子及徒兒小甘一同舉行家庭會議，把自己近期的遭遇和有一劫數即將來臨的事告知各人，並說在冬至前三天要他們替他辦喪事，而自己則乘漁船逃走。不料各人聞言齊聲反對。

「葬」在家鄉

在一個人還活生生的時候，就要家人當作他已死亡而替他辦理喪事，這種事情在一般人聽來實在是離奇怪誕的。

所以甘伯對家人說要他們在冬至前三天替他辦理喪事，他的家人都齊聲反對，這是可以理解的。

終於甘伯費盡不少唇舌，向家人解釋如果不是這樣做，他就真的可能在冬至前突然死去的。由於甘伯對自己的六壬數十分有信心，因此他真的相信這樣做是必須，否則肯定自己會如期突然死去的。而他的說話也因自己的信心而顯出特殊的說服力，但不管怎樣，家人還是反對他一個人獨自逃走，必要派人陪他。但甘伯表示妻兒都要在他的「喪事」中出現，然後事情才逼真。最後，終於議定由他的徒兒小甘陪他出走，好讓他老人家在路上有人照應。

至於建衣冠塚的墓地應在哪裏，甘伯原來早有計劃。甘伯的家鄉距離廣州不遠，父母都葬在家鄉一座名山上，據說是風水不錯的，甘伯亦早在那裏定了位置，作為自己百年歸老之用。

（按：上一輩的人，每喜在生前預先找定自己的墓地，甚至有在生之時已建好墓園者，並稱之為「壽基」。此等事現在台灣甚流行。）

甘伯吩咐家人在他「死」後，即把「靈柩」移回鄉安葬，並要做足一切鄉例儀式。

這時漁船微微傾側幾下，甘伯的思潮停下來，又回復到現實，只見小甘靠着他睡得很甜。

甘伯從船旁伸頭望出去，見到遠處有燈光，心中明白漁船已開始駛入香港水域。

重出江湖

甘伯這時從懷中摸出一個古舊的袋錶，打開蓋來一看，已是接近天亮的時間。甘伯心想，現在已過了自己推算的「死期」兩個時辰有多，應該是逃過大難了！

他想到兩個時辰之前，小甘曾對他說：「現在是家裏替你開喪的時間了！」其實那是他自己推算出來的「死亡」時間。現在再想起小甘的說話，心裏滿不是味道。但又有另一種感覺，是自己重獲新生了。

話說甘伯到了香港以後，真的當自己是重獲新生，並且改名換姓，取了個怪怪的名字叫「何二生」。初時是住在長子大川家裏，但過了數月之後，這位「何二生」先生不甘寂寞，終於在上環租了個地方，重新掛起招牌，再度過賣卜的生涯。但這次甘伯重出江湖，心裏就常惦記着公園老翁的說話，亦常常自言自語的唸着「輕玩疏忽，乃星家大忌，請謹記積德行善，可離災殃」。

甘伯不但經常警戒自己要有善心，亦常捐款給慈善機構，亦真的從此茹素終生。這是他當日在道觀扶乩前許下的心願。

只是甘伯一直努力在想，過去自己在替人算六壬數時曾犯過甚麼錯？終於，他替自己解釋，縱使有也是無心之失。否則的話，這個「身屍入棺」之劫就未必那樣順利逃過！

轉眼又過了數月，甘伯真正覺得不再有任何問題了，然後派人接妻子來港團聚。而此後甘伯在賣卜的生涯中，亦特別小心謹慎，說話也特別小心。

事跡洩露

時光荏苒，轉眼甘伯在香港已生活了十二年，而就在這個時間，甘伯果真一病不起，亦如他自己所算，壽元至此告終，享壽七十餘歲，既無「壽促一紀」，亦無「壽添一紀」。

甘伯在香港賣卜期間，不知怎的他過去的事跡洩露了出來，江湖上很多人都知道他建衣冠塚和逃來香港的經過。

甘伯去世後數月，有一天當甘伯的妻子甘老太在撿拾甘伯的遺物時，見到有一張已發黃的紙，上面寫有「身屍入棺」四字，就是甘伯當日有病時替自己所起的一課。

而事有湊巧，就在這時有一位鬚眉皆白、身穿黑色長衫，看來九十餘歲，但精神矍鑠，且帶有點仙氣的老翁登門，說要找甘伯。

甘老太告之甘伯已去世數月，老翁點點頭，一點驚惶錯失的表情都沒有。隨着好像知道甘老太手中拿着的紙張是甚麼東西，便問甘老太道：「你可否給我看看你手上的那張紙？」

甘老太順手把那張已發黃的紙遞給老翁。

老翁看後大笑，對甘老太說：「甘伯就是占得此課而建衣冠塚和逃來香港者乎？」甘老太帶點錯愕的表情點點頭。她當然不知道面前這位老翁就是甘伯當年在公園晨運時遇見過的。

老翁低吟道：「既有天醫，復有天德，何懼有入棺之象。」說罷便把那張已發黃的紙交還給甘老太，然後告辭而去。

甘老太關上門後，似聽見老翁邊走邊唱：「世人都愛識天機，識得天機又如何！」

風水分析

甘伯的故事已告一段落，此故事早年在香港頗多人聽過。我也是從上一輩的江湖上知名人物處聽來的。

有關甘伯的故事，雖然有扶乩及風水等案例，但主要是六壬數。

我在一九八七年寫《天網搜奇錄》時，曾介紹中國多門的術數，包括鐵板神數、梅花易數、玄空學（風水）、占卦、測字及紫微斗數等。就是欠缺了對六壬數的介紹，所以我早已準備在甘伯這個故事之後，詳細介紹一下六壬數給讀者認識，可看作是《天網搜奇錄》的補篇。在甘伯的故事刊載期間，因提及「身屍入棺」的卦象，我收到不少朋友和讀者的電話及書信詢問，他們當中亦有不少人對六壬數有研究的，詢問「身屍入棺」的卦象是怎樣的，和一些有關六壬數的問題，亦將在分析完此故事中的風水問題後，一併刊出，希望對六壬數有興趣的讀者留意。在甘伯的故事中，有一位風水人物姜翁，他替甘伯看風水時，對甘伯的居所曾作出以下三項的判斷：

一、此屋入住後家人少能團聚。

二、住此屋之人頗好杯中物。

三、主婦有愈住愈漂亮、青春長駐的意味。

姜翁替甘伯看風水時時值五運，但他住的房子卻是四運建成的，坐子向午，特點是東南方為十字路口，且向東處傾斜。姜翁當日判斷甘伯入住此屋之後，家人一直很少能團聚，不是這個遠行就是那個去外地謀生。

而在香港，十分奇怪，近年有此現象的房子亦為數不少！

金水多情

在香港，當然四運（一九二四年—一九四四年）建成的房子已如鳳毛麟角，更何況要是坐子向午（即坐正北向南者）。

但我說香港近年有不少的房子有甘伯故事中如姜翁所斷相似者，是因為姜翁認為甘伯所住的房子是「雞交鼠而傾瀉，必犯徙流」。所謂「雞交鼠」以數字代卦來說是七與一。七為兑卦為酉，酉肖雞；一為坎卦為子，子肖鼠。

甘伯所居的房子既是四運坐子向午，那麼東南方（即巽宮）飛星所到便是七與一。

姜翁判定甘伯所住房子共有三種現象，其實都是根據玄學的口訣而作的。第一他是根據《玄空秘旨》的「雞交鼠而傾瀉，必犯徙流」。第二也是根據《玄空秘旨》的「金水多情，貪花戀酒」。第三則根據《飛星賦》的「破近文貪，秀麗乃溫柔之本」。

七為金，一為水，失運時金寒水冷，便有「貪花戀酒」之應，但七與一之貪花，是不能與七與九之貪花相比。七與九之貪花是為「午酉逢而江湖花酒」，是絕對的熱鬧桃花，甚或可稱好色。而七與一之「貪花戀酒」，戀酒則甚難避免，亦即愛好杯中物。但「貪花」呢，則許多時是表現於喜好修飾儀容，是為廣東人所說的「姿整」也！

姜翁說甘伯之妻子青春常駐，則為根據「破近文貪，秀麗乃溫柔之本」而說的。

而八宮中，有七一同到的，除四運的坐子向午的房子外，當還有其他之局。如香港就有不少六運的房子有某宮的「七一」同到的。

奇妙個案

在香港，有不少坐坤向艮，或坐艮向坤（即坐東北向西南，或坐西南向東北）。若為六運（一九六四－一九八四年）期間建成的，則兑宮（西）便是飛星七與一所到之處。若此類房子剛好在兑宮之處傾斜，或大門在兑宮，又剛好為電梯所在之處，則每有如上文甘伯房子之應。

懂玄空（風水）之人，每每覺得天機十分奇妙。如我就見過有這麼一個奇妙的個案。有一位朋友，姑名之曾先生，他就是一家人住在上述該類房子的。他入住不久，申請移民加拿大獲得批准了，太太帶同兒女去加拿大居住，他自己則作為「太空人」，每年飛去加國探望妻兒數次。正合了「雞交鼠而傾瀉，必犯徙流」之句，是極少所有家人團聚在一起的房子。據《沈氏玄空學》所載其中一項註解為「坎水流而不返，故有充軍之象」。它只說「充軍之象」而已，並非真的充軍也！而今人之移民異國，多少確有點「充軍」的味道也。

而更奇怪的是，當曾先生的太太和兒女入籍加國後，他自己不但覺得無須移民，而且決定留在香港發展。因此他太太與兒女都回港居住，這時是家人團聚了。但奇怪的是曾先生馬上搬家，離開了那間「雞交鼠而傾瀉，必犯徙流」的房子。

當你懂得玄空學和明白一點天機之時，你會覺得人的行為有時確是十分奇怪，而且與他本人的運氣實在配合，好像有一種潛在力量推動他們那樣。

運氣配合

我有一位親戚，姑名之為何先生吧。他也是早幾年移民加拿大，入籍之後於去年回流的。他回港後在九龍某小山坡上買了一間房子。是六運坐未向丑的。前面是傾斜的馬路，由東向北，房子開門適好在震宮，電梯也是震宮，完全合乎「雞交鼠而傾瀉，必犯徙流」的格局。他本人既好飲酒亦頗「姿整」。

他是未結婚的，孤家寡人的住在那房子裏。睡房也是關震宮門的，亦七一同到。

最奇怪的是，他心願本來是留在香港發展的。不料他在港找到一份高薪的工作後，只工作了數月，公司便要派他去越南發展。他覺得到越南去發展也不錯，會有機會的。那間房子真的是完全合了「雞交鼠而傾瀉，必犯徙流」兩句話。何先生去了越南後，託朋友把那房子出租。結果據代他收租的朋友說，那個新住客是「太空人」，因為舉家移民，變賣了房子，自己留在香港發展，便要租房子住了！世事之妙有如此者，而玄空學之準繩，亦不由你不服。一個人的所作所為，每與他運氣十分配合的。如果不是在懂玄空學的人指引和帶領下，他一定會配合自己的運氣做一些他自己也不知道為甚麼會這樣做的事情。

所以我常說，如果你確定自己的運氣是在高潮時，根本不必理會甚麼風水不風水。但因為任何人都不會是經常都好運的，有時一年好運一年逆運，有時甚至一週好運之後至下一週運氣逆轉的亦有，所以玄空學才顯出價值。

真實個案

對於「風水」與疾病的關係，我個人的意見認為不管是甚麼疾病，都與「風水」有莫大關係！但我不認為「風水」可以治病，治病還得靠醫生。只是極明顯的，如果尋得「風水」的助力的話，醫生的藥石會特別有靈，而患病者在治癒後，亦真的可以斷尾。

如果「風水」不對勁呢？或「風水」確顯示有某種疾病呢？那又怎樣？答案是醫生同樣

有機會把疾病治好，只是可能治療的時間較長。而且治癒之後，隔不了多久，又舊病復發，纏纏綿綿，往往復復！而且許多時候，如果病患者命中確有一劫的話，則縱有真懂風水的人指引，亦會處處「陷阱」的！

試舉一個真人真事的案例；有一位名流太太，在一九九二年壬申年時染了惡疾，她的一位好朋友要我看看她家的風水。她住的房子是七運坐午向子的。大門在艮宮（東北方）是為五九到門也。門外不遠處有一頗高的赤色大廈，該大廈的電梯設在外牆，街外都可看見，當年「八」入中宮，是故二黑到門，成為「二五九」。而名流太太的卧室卻是開「坎宮」門，牀安在「震宮」，她是「四綠」命，是故就在該年年中染上惡病。我同時看過她的紫微斗數星盤，竟是疾厄宮三煞並照。

我替她在「風水」上做了一番手腳後，她繼續接受治療。剛巧她的主診醫生是我的好朋友，所以並無反對「雙管齊下」。結果，到年底時治癒了。但到一九九三年癸酉年，她險些便踏入使疾病復發的「陷阱」。

陷阱處處

現在先說一下該位名流太太的風水，我對它作了些甚麼的改動。第一我教她在大門上掛六個銅鈴，以消二黑與五黃之惡氣，並說明只掛一年，踏入一九九三年便可除去。因為到時正是「一白」到門，應無問題了！

第二我教她把睡牀移去巽宮（一四同到之位）因她為「四綠」命屬木，不大適宜睡在五九同到的震宮位置，防洩氣過甚。但若移去巽宮，則變作水生木旺，對她健康會有幫助，而且是牀頭靠南，牀腳向北。

第三睡房門走「坎宮」（北）門是為雙七同到，我教她在睡房前放一瓷缸蓄水，以洩雙七之氣。

她當日照足我教她的方法去做。果然，到年底時她所患之病得到治癒，回復健康。她的主診醫生也覺得很開心。

到了一九九三年癸酉年，她的健康有長足的進展，開始參加應酬活動。就在年中的時候，有一天晚上我在一個朋友的喜慶宴會上見到她，人較前明亮多了。當天晚上她對我說，她準備搬到隔壁的客房去睡，然後問我的意見。

還好，我還記得她睡房隔壁有一個客房，平日是空置的。是走離宮（南）門，牀安在震宮（東）的位置，牀頭靠東，牀尾向西。我一想，這可不得了，當年二黑到南，五黃與三煞同到東。如果她搬過隔壁這個客房去睡，豈非一腳踏入「陷阱」裏去，舊病復發的機會就很大了。但如果一切照舊不搬去客房睡又如何呢？翌年（一九九四年）依然有一「陷阱」在等着她！

造物弄人

那位名流太太因為大限命中的疾厄宮三煞並照，所以，縱有人在風水上給她指引，仍然有隨時踏進「陷阱」的機會。

前文說過她的睡房門是開在坎宮（北）的，而我當日教她把睡牀從震宮（東）移到去巽宮（東南）時，心中就明白，這局只能維持兩年。因為到一九九四年甲戌年時，五黃到巽（東南），而二黑及三煞，則同到北，所以有必要避一避。

我心裏有數，準備一九九三年年底時教她搬到隔壁的睡房去睡，但睡牀則要從震宮移到去坤宮（西南），自然應該平安大吉了。

不料在年中我還未把這事告知她時，她卻想搬到隔壁客房去睡。當年（一九九三年）卻是不能搬的一年，而翌年（一九九四年）又非搬不可，你說是否有些奇怪而屬於天機的「陷阱」在覷着她呢？

當年（一九九三年）年中我就見過一個使我十分感慨的案例：有一位頗有名氣的藝術家，我本來是不認識他的，年初時患上惡疾。到年中快要去世的前幾天，他的一位朋友才找我去看看他家的風水。他住在新界某山上一座獨立洋房，是七運坐乾向巽，花園大閘走離宮門，門外有馬路衝來。經過花園後洋房本身則走震宮門，主人是「八白」命。據主人的家人說在他病發後，曾請過幾位風水先生看過風水，但奇怪這種險局居然都無人看出來。到我看時已為時太晚，後來我為他開個斗數星盤。看看原來是四煞並照疾厄宮。造物弄人，竟至於此！

第二章 六壬神數

六壬神奇

在中國古代留傳下來的預言，其中《燒餅歌》算是家傳戶曉的了！相傳《燒餅歌》為劉伯溫所作，今日有許多曆書，一般稱為《通勝》的，都載有《燒餅歌》，並說明其來源。

據説明太祖一日身居內殿，正在食燒餅，剛啖了一口，內監忽報國師劉基（即劉伯溫）進見，太祖以碗覆蓋了食過一口的燒餅，然後召其入，禮畢，太祖問曰：「先生深明數理，可知碗中是何物件？」

劉伯溫乃掐指輪算，不一刻對曰：「半似日兮半似月，曾被金龍咬一缺，此食物也。」開視果然。由此太祖即問劉伯溫今後天下後世之事，而《燒餅歌》即由此而展開。

現在我們不是研究《燒餅歌》，而是研究劉伯溫當日是用哪一門術數來推算出碗中所覆為何物，這問題許多喜研究術數的發燒友曾問過我，而我的答覆就是六壬數，也唯有六壬數才有此本領算出碗中所覆何物。

同時，劉伯溫僅是算出碗中所覆的是食物，以及曾被皇帝咬過一口，在不懂術數的人看來已是十分神奇了！事實上，六壬數的高手，可以算得更細緻，細緻到使你吃驚甚至認為他是神仙者。

舉例來說，六壬數的高手除了算出那是食物外，還可算出那食物是甚麼味道的，是甜的還是鹹的或者是酸的，都能準確的道出來。

我見過一位高手，有人把面盆覆蓋着一隻烏龜在裏面，要他推算一下裏面是甚麼，而他都可絲毫不爽的説出來。相信讀者都想知道六壬數是怎麼樣的一門術數，會是那麼神奇的呢！

秘笈何用

相傳六壬數是黃帝伐蚩尤於涿鹿之野時，獲九天玄女所傳的三門術數之一，其他兩種為太乙及奇門，後來再傳於姜子牙，是中國最古老的術數之一。

六壬數是否果如所傳是另一回事，但自隋至清，代有撰述。雖然有關六壬數的書籍流傳至今者頗多，但若無高人點傳，則亦不容易登堂入室。

有人以為只要得到一些秘笈，就可以在某門術數上揚名立萬。其實這是頗錯誤和可能是受一些武俠小説所影響的想法。舉例來説，如玄空學（風水），唐楊筠松所著之《天玉經》，在以前可説是秘笈之一，如無高人點傳，則縱使給你無意得到，亦必得物無所用。《天玉經》開始的第一句是：「江東一卦從來吉，八神四個一。」試問問普通的讀者，這兩句話是甚麼意思，相信不容易有人答得上來。就算一些曾學過風水學的人，如果底子薄的，也不容易明白這兩句話是説甚麼。而且通篇的《天玉經》，所有的句子都是類似這樣的，這才叫一般人縱使無意得到，也必得物無所用。而《沈氏玄空學》的作者沈竹礽，就曾為此而大罵楊筠松，説他甚麼居心險詐，使學者暗中摸索，害盡世人等語。

但楊筠松的心態如何，是否真如沈竹礽所説那樣，日後我將有所分析。現在回説六壬數，同樣有不少的秘笈，只是六壬數的秘笈卻不是在文字上如《天玉經》那樣隱晦，但卻出現極多的神煞及代號等，使你混淆不清，記不勝記，亦一絕也！

靈驗詳盡

六壬數是一門十分靈驗和神奇的術數，高手運用得好的話，簡直可以出神入化。同時六壬數是由「三傳四課」組成，所以在占問事情發展及吉凶時，它有相當詳細的答案。我個人認為它與一般的占卜比較，儘管靈驗程度一樣，但六壬數會較詳細。

舉例來說，假如你想與某人合作做生意，但又十分猶豫不知是合作好還是撇開某人由自己獨力去做好。

相信不少人都曾經遇到過上述心中一時間難以決定的問題，而這問題卻不是單憑自己的智慧可以解決的。因此不少人便很自然會想到去占卜，問一下到底走哪一條路好。

一般的占卜只會答你是合作好還是獨力去做好。但六壬數由於有「初傳」、「中傳」及「末傳」的關係，它會很詳細告訴你事件開始時怎樣，到中途會發展成怎樣，到最後結果又怎樣。是相當傳奇的一門術數。

那麼六壬數是如何起課的呢？

六壬數主要是靠「占時」，所謂「占時」就是占問的時間。

舉例來說，你突然想知道某件事情的底蘊怎樣，第一你可以馬上以發生事情的時間作為占時，假如當時是中午，那麼以「午時」為占時。即用月將加時起課。

至於別人來求占者，則取用「占時」之法有三，古者有人用雷擊過的棗木，製盒搖珠，看珠跌落某個時辰之上，即以之為「占時」。

近人則多用竹製之籌十二支，刻上十二個時辰置筆筒中，由來人抽一支以決定「占時」。最簡單的一種是甚麼工具都不必要的。

複雜難記

六壬數決定「占時」的最簡單方法就是由來人隨口報出時辰，要不假思索隨口說出，天機才夠活潑，而所占就會更為靈驗。最忌左思右想不知選哪個時辰好，既想選這時辰又想選那個時辰，在這樣環境之下決定的「占時」，是為人的欲念所左右，所占結果的靈驗性就會大打折扣。

六壬數是各門術數中神煞最多的一門術數，一般人要他記牢各神煞已不容易，更何況能善加運用？而它的十二地支又有代號，如亥為登明，子為神后，丑為大吉，寅為功曹，卯為太衝，辰為天罡，巳為太乙，午為勝光，未為小吉，申為傳送，酉為從魁，戌為河魁。初學的朋友，單要記這些東西已足以頭昏腦脹！

至於起三傳四課，它是有一定的規律，而且亦可查表。不過一般高手都是絕不查表的，各種課體都在他們的心裏。

至於六壬數有多少課體呢？是否不多以致各高手都能容易的記在心裏呢？說出來可以嚇你一跳，我自己統計過，六壬數的課體由「元首課」開始而至「六純課」，合共有九十五課，要把各課體如「元首」、「重審」、「知一」、「涉害」、「見機」、「察微」、「綴瑕」、「遙剋」、「彈射」、「昴星」等九十五課完全唸熟及記在心裏，實在談何容易。而且各課的名稱有大部份都不是易記的名字，更造成記憶上的困難。同時，就算所得的課式相同，如果占問的事情有別，則可以有完全不同之解釋者。是故要學六壬數，能到登堂入室之境真的談何容易。若無名師點傳，相信只有望門興嘆而已！

猜物方法

六壬數除了「三傳四課」的解釋十分重要之外，還有「十二天將」。這「十二天將」由天乙貴人開始，依次為螣蛇、朱雀、六合、勾陳、青龍、天空、白虎、太常、玄武、太陰、天后。

「十二天將」除了各具特性之外，還有五行所屬，是六壬數入門必須先要弄清楚和熟習的。

一般來說，有子平命理根基的人，學習六壬數會較為容易，因為兩者有些神煞是共通的，甚至天乙貴人之取用方法亦一樣。

前文我說過有關《燒餅歌》之傳說是有一天明太祖正在內殿吃燒餅，內監報稱劉伯溫求見，便急忙以碗覆蓋食過一口的燒餅，要劉伯溫猜一下碗內是甚麼東西。當時明太祖說：「先生深明數理，可知碗中是何物件？」

劉伯溫一下子就猜中了。

不少喜歡研究術數的朋友問過我，劉伯溫當日是用哪一門術數去猜的呢？

我認為只有六壬數有此本領，至於六壬數如何推算碗中是何物的呢？方法當然是根據當時的時間或抽籤定時去作占時，得到課式之後，就要開始抽絲剝繭的研究碗內到底是甚麼東西？第一要先探討其虛實，碗內是有東西還是沒有東西，這點是十分重要的，因為以防有人故意一點東西也不放在碗內就讓你去猜。

推算碗內虛實的方法其實亦十分簡單，完全是要看「初傳」的情形，「初傳」為「水」

則沒有東西在碗內，為「火」則半虛半實，須再探討，其他「金」、「木」、「土」則有物，是以五行來推斷。

抽絲剝繭

六壬數的猜物方法，第一就是先問虛實，先要知道碗裏是有東西給你猜還是故佈疑陣。

如初傳為水則無物前文已説過，假如初傳為金或木或土，則是有物在碗內。那麼碗內是甚麼東西呢？所以第二步就是猜碗內的東西是屬於甚麼東西來的。這方面就要靠「天將」了。如初傳為「朱雀」，那麼碗內的東西是有翼會飛的；如初傳為「螣蛇」，則碗內的東西是屬於蛇類的動物；再如初傳為「青龍」，則碗內的東西是有鱗的，甚至魚類也可以。六壬數就是這樣去靠「十二天將」來猜碗內是甚麼東西。

第三步就是猜碗內的東西是生物還是死物，這也是十分重要的。同樣是要靠初傳，但要與日元（即與問事情的那一天日子）同看，不管日元是金木水火土哪一種日子，看初傳是旺相還是休囚，若是旺相則為生物，若是休囚則為死物。

第四步就要猜碗內的東西是否可食的，這點則要看初傳的五行，是旺相還是「死」或「囚」，如是旺相的則可食，「死」與「囚」的則不可食。

第五步則更為有趣，就是猜得碗內既有可食的東西之後，就要猜它是甚麼味道的。

這方面就靠五行去猜測，如果是屬金的，就是辣的東西；如果是屬水的，就是屬於味道酸的東西；如果是屬於土的，味道就是甘甜的東西；如果是屬火的，那味道就是苦的；如果是屬木的，那味道就是酸中帶辣。

以上是一般六壬數高手用來猜測物件的方法，是用抽絲剝繭的方式去推敲。當然是高手一猜即中，而且甚有把握。

底蘊陰神

猜測物件可說是六壬數特有的本領之一，而除此之外，它還可占晴雨，占婚姻，占孕，占生男或生女，占家宅，占疾病，占事業成敗，占官祿，占求財等，不一而足。

古人辦事重視擇日，一般擇日之後更希望當日為晴天。當然亦有例外希望有風雨者，如相傳孔明之借東風，亦為識六壬數預知某日某時有風，所謂施法求風，是掩飾而已！要預知數週後是否有雨或有風，六壬數居然能予以定奪，而且占法上有理論根據，如子為雲、丑為雨、寅為風等，又「天將」以天乙為陰，螣蛇為電，青龍為雨等，亦云奇矣。

至於占問婚姻則更妙，所得課式每每能知男女雙方許多不為人知的底細者。

舉例來說，如有男子來求占問婚姻，得到課式之後，就不單只知道這段姻緣是否成功，而且對男女雙方的底細都知之甚詳。如女方是否漂亮，是否出自名門或者是風塵女子，對男方是否真心或者只為覬覦男方家財等，都能在六壬課式上知道。

同樣，女子來求占，所得課式同樣可以詳細知道男方的底蘊。至於準繩度如何當然關乎占者是否高手，或者他是否願意毫無保留地把一切所知都告訴你而已！

現試說明一下男子來占問婚姻如何可知上述那麼多的事情。

凡占問婚姻者必以青龍為男方，天后為女方。天后寄酉而在亥子水方的，一般代表女方是漂亮的。要知其底蘊則看陰神，天后的陰神為朱雀者是長舌多是非，白虎者惡，螣蛇者邪等。

姻緣之占

如前舉之例子，為一朋友占問姻緣者，所得之課式為「八專」，天后寄酉而在亥位，所以知女方漂亮，天后寄酉則青龍必寄卯，卯酉為陰私之門，第一課及第三課均為六合，可知兩人已無媒苟合，且六合寄巳，巳為裸露，兩人關係如何已十分清楚，可見六壬數之妙也。且天后之陰神為螣蛇，則女方帶邪氣或蠱惑，而三傳為青龍發用，則此事為男追女而起者，亦對也。

六壬數的三傳四課俱備之後，真有如一幅圖畫那樣，清楚說明一切的，只是有時業術數者不願說得太露骨，占問者被蒙在鼓裏，以為問一得一，問二得二，而不知許多底蘊已被揭露。而《畢法賦》更有一句：「非占現類勿言之」，即指此也。

有關六壬數的書籍甚多，但好者則少，不少是胡亂編就而把人導入歧途者。其中有一本手抄本名為《壬歸》者頗為不錯，在有關占問婚姻上，它就舉出幾個頗為有趣的例子：

第一個例子是與上文所說那個相似的，斷定來問者男女雙方不必用媒，私情業已相通矣，事在必成。但卻說女方不是真女，此話是寫得婉轉一點，其實是說女方不是處女也！

另一例則指婚姻必成，但成後必有訟事，女方清白修長，但出身寒微。婚後雖有訟，但卻可齊眉及旺夫益子。根據課式，娓娓道來，對初學者亦有一定之啓發作用。

第三例則為一名三十五歲的婦人求占，亦問姻緣者。根據所得課式斷定求占的婦人有二夫，正夫不告而去，偏夫已入賊群之中，音訊不通，今求改嫁。且知已有鄰僕作媒，真妙也！

疾病之占

至於占問疾病，在六壬數這方面是最難學得好的。因為它既可占其生死，又可占其病症，甚至醫藥與鬼祟均在其內。而人的病症種類繁多，是故在這方面要學得好就較為困難。

我曾經作過統計，六壬數在占問事業、婚姻、謀望、求財等方面，喜忌的吉凶神煞大致相等。但占問疾病方面呢，則所忌之凶神遠較吉神為多。吉神包括天醫、歲德等共十九個。但所忌凶神呢？則由病符、死氣等開始，合共有四十二個，是為所忌凶神較吉神多一倍以上。

我不知道這是否在古時由於醫學不昌明，一旦患病便是凶多吉少所致！

寫至此我相信不少讀者會問，六壬數的吉凶神煞不是早有固定了的嗎？為甚麼占問某事，吉凶神煞會有不同的呢？

六壬數不單只因所問之事不同，以致神煞有不同之作用，甚至天將亦然，舉例來說如問求財，青龍發用大多是好的；如問盜賊，則青龍發用多數已逃脱，難以追捕，蓋龍是見首不見尾也。由此相信可舉一反三。

在《燃犀日知錄》開始時所說那個甘伯的故事，甘伯因占問疾病而得「身屍入棺」之卦象而大懼，結果要建衣冠塚來掩天機之耳目，造一個已死之假象然後逃亡。

甘伯雖然終得回自己所推算之壽元，但公園老翁最後卻指出原來他忽視了天德與天醫，所以甘伯雖以為自己之計謀得逞，其實早已有天機潛伏在內。這個故事刊出後，不少略懂六壬數的朋友打電話給我，要我早點説明甚麼是「身屍入棺」的卦象。

身屍入棺

所謂「身屍入棺」，就是六壬數占問疾病最凶的卦象，大抵占得此課者，多屬必死無疑。

縱使如甘伯故事中，公園老翁指甘伯所得之一課有天德與天醫，其實縱有二吉神相助，也只屬有一線生機，未必一定可以逃過鬼門關者也！

而在甘伯的故事，由於甘伯是占算六壬數為生的人，他對六壬數當然有一定的認識，所以，當他占得「身屍入棺」這卦象，不由他不恐懼。建衣冠塚後逃亡之事，儘管公園老翁後來認為他枉作小人，但在他來說都是認為必須的。

至於「身屍入棺」的卦象到底是怎樣的呢？

六壬數極重視占問的日子，如甲日占或乙日占等。現舉一例以說明怎樣才算是「身屍入棺」之象。

假如是甲日占，則甲日寄寅，這是懂六壬數的人都知道的。假如是九月占問的，則要十分留心了，因為有一種煞名「死氣」的，是正月起午，到九月就剛好到寅，是為死氣臨宮。如果上乘天將為六合，而又寅臨卯上，這便是標準的「身屍入棺」的卦象了。

但占問者的命如有天醫、天德、月德、日德者，則可有一線生機，但也只是「一線」的生機而已，未必一定可以逃脫，是可以看作「九死一生」也！

還有甲日的「墓」是在未，如果「未」的上神是玄武，那麼在六壬數來說名為「收魂」。

假如占得「身屍入棺」再加上遇到「收魂」的話，則相信學甘伯之建衣冠塚亦一定無用，是為六壬數在占問疾病最凶的一課，也是說劫數難逃的一課。

範圍甚廣

六壬數能占問事情的範圍甚廣，所以要能成為六壬數的高手，能融會貫通所有課式及卦象的，實在談何容易。

多年前我在《明報》寫《玄空紀異錄》時，結尾亦曾提過本港有一位六壬數的高手容老師。他是我所認識懂六壬數的人士中造詣最高的一人。

他今年八十八歲，鬚髮皆白，夏天時穿着白綢唐裝衫褲，手執摺扇，面色紅潤，真有仙人的感覺。

容老師生活逍遙，並無掛牌營業，有好朋友相託，便也樂意推算一番，亦不收費，過的真是神仙的生活。閒來寫字讀書，雖在八十八歲高齡，書法蒼勁有致。我的書房便掛有一幅他早年送我的條幅，上書：「君擅紫微我六壬，同憑術數判升沉。胸羅南北星辰用，掌握課傳命限尋，探得希夷真骨髓，愧從玄女運精心，香江有幸相逢晚，早仰高名震藝林。」當然這是他過譽我之作，但字寫得確好，便也不怕慚愧裱好掛在書房裏。

容老師占算六壬數，有不少極精彩的案例，如本港建築界有一位女強人陳太，教育界的許太及他們的一些好朋友，均把容老師視作生神仙。

話說某年陳太在新界接得一項政府工程，建築一個高壓電線塔，用沉箱的方法建造。一名叫阿福的工人，追隨陳太多年，不慎跌落沉箱內，救起時面色蒼白，不省人事，奄奄一息的送入醫院去。

陳太是一位十分照顧下屬和善心的人，馬上找容老師占一課問一下阿福的吉凶。所得答案使陳太驚奇和覺得難以置信。

神奇準確

容老師只花了幾分鐘，便替阿福起了一課六壬數，隨着他問陳太是否知道阿福是哪一年出生的，陳太據實以答之後，容老師稍為思索片刻，便對陳太說：「阿福三天後便可上班了。」

陳太表現得十分驚奇和覺得難以置信，因為阿福送院時已奄奄一息，醫院方面並要陳太馬上通知阿福的妻子到醫院去，可見事態嚴重。

容老師見陳太好像不太相信的樣子，便對陳太說：「卦象是如此，阿福是有驚無險的，你放心好了。」

陳太雖然覺得難以置信，也只好謝過容老師回家去。

心裏既為阿福的意外事件感到難過，也希望容老師的說話是真的！

翌晨，陳太剛吃過早點準備出門，便接到一個電話，是阿福的聲音，陳太幾乎不信自己的耳朵，因為阿福在電話裏說：「我已經出院了。」

陳太太忙問：「你怎麼這麼快便出院的？」

阿福說：「我覺得沒事，醫生檢查過也說我沒事，那我為甚麼還要留在醫院裏？」

陳太還是不放心，再問阿福說：「你真的沒有事了嗎？」

阿福似有點不耐煩的說：「真的沒事了，只是頸骨有點兒痛，所以我現在去找李師傅按摩。你放心好了，明天休息一天，後天我會繼續上班工作！」

陳太聽阿福這麼説，特別是最後那句話，説後天便上班工作，使到陳太覺得六壬數確實不可思議！神奇準確得令人難以置信。

接着再談另一既神奇亦使人為之神傷的個案。

問病之驗

許太是一位熱心於教育工作的女性。她個性獨立、樂於助人，亦能急人之急，所以人緣甚佳。

在某年初，她有一位親戚的兒子，年僅十餘歲，獨自在加拿大多倫多某學校就讀，突然染上惡疾，父母在港聞訊，為之心焦不已，不知要兒子回港醫治好還是親自到加拿大照顧兒子好。

許太是一位熱心的人，便親自去找容老師起一課六壬數，看一下到底情況怎樣和到底應該怎樣做。

容老師起了一課之後，便問許太是否知道那位親戚的兒子的出生年份，許太據實回答後，容老師照例略加思索，捏指推算一番之後便對許太說：「如果他不在下月二十三日之前回港醫治，他就以後都不會回來的了！」

許太得到結果之後，便馬上把容老師所說的話轉告她的親戚，並敦促他們快些召孩子回港醫治。而事情有時發展也確實令人難以相信，許太的親戚卻沒有把許太與容老師的說話聽進耳裏。反而相信另一位朋友的推理說，在加拿大的醫療設備決不比香港差，孩子既然有病，就不宜讓他長途跋涉回港治病，還是親自去加拿大護理兒子和送他進入當地醫院較好。

結果許太的親戚就真的夫妻兩人同時去加拿大探望兒子，並沒有理會容老師的說話，讓孩子在下月二十三日之前回港。

終於，許太親戚的兒子在加拿大入院後，病況日漸惡化，就在二十三日之前病逝，正應驗了容老師的話，以後都不會回來的了！

占六合彩？

日前有朋友問我，既然六壬數能占問的範圍這麼廣，那麼它能否用來占問六合彩會開甚麼號碼呢？我個人則認為這是不可能的事。記得去年某天，我在渡海輪上聽到兩人的談話，殊堪一記！

當時有一名年約七十歲的老翁，與一名中年的男子並排而坐，根據兩人的談話，那老翁是懂六壬數的。

中年男子先問老翁說：「六壬數是否可以用來占問六合彩將會開甚麼號碼呢？」

老翁斬釘截鐵的說：「不可能的事。」

中年男子繼續問：「那麼為甚麼日前有人在公開表演時，用六壬數來占問六合彩下期會開甚麼號碼呢？」

老翁不耐煩的說：「他是否測中了呢？」

中年漢說：「據知好像不中吧！也好像中一兩個字似的！總之是沒有彩金領就是了。」

老翁斜睨一下中年漢說：「既然是不中，那麼又何必托六壬數這個招牌出來把它污染了呢！何必予那些看不起術數的人攻擊術數的口實呢！」

中年漢點點頭說：「這個我也不知，亦不明白他們為甚麼會這樣做……」

中年漢正要再說下去，老翁截着說：「其實你隨便圈點幾個號碼，不必用甚麼術數，也可能中一兩個號碼的，對嗎？」

以上兩人的談話，真正的說明了術數之被人濫用。也不管該門術數是否有這種用途，胡亂表演，結果除了自討沒趣外，更污染了精確的術數和給人攻擊的口實，實在愚不可及！

那麼六壬數能否用來看風水呢？

第三章
玄空學術

偽術百出

至於六壬數是否可以用來看風水，我的意見則認為，如果目的只是在占問一下所住的房屋吉凶或者是否適宜買屋，又或者占問一下所選之陰宅（山墳）是否當旺，則六壬數是勝任有餘。但如果要知詳細一些，特別是有關地理上的，又或如在安牀、作灶、開門等方面，和住進去有甚麼效應等，則非懂玄空學不行。

所以在甘伯的故事中，甘伯雖然懂得六壬數，但看風水，則還得另請高明。

各門術數都各具特別的功能，這有如我們進餐時，分有刀、叉及匙羹等，各有不同的用途。如果我們只有刀而沒有匙羹，那麼喝湯時也用刀作匙羹用，必然是費力和效果極差。

江湖上不少人只懂一門術數，舉例來說如只懂八字或紫微斗數，則算命用之、擇日用之、看風水用之、問事也用之，結果效果怎樣，大家心中也會明白吧！

在台灣，有人用紫微斗數替人看風水，並說是甚麼甚麼派，朋友問我懂不懂，我就只有搖頭而已！

今天，自己發明用各種方法看風水的人極多，以至一些懂玄空學和鑽研玄空學的人都大嘆偽術百出。

其實，自古以來，由唐至今，有關玄空學的偽術何止百出，《沈氏玄空學》的作者沈竹礽就曾為此而大罵，指那些百不一驗的偽術，害人害己。

除此之外，亦有不少尚未把玄空學讀通的人，即在傳播媒介上大發謬論，如常聽人說甚麼文昌位、財位等，既誤導後學，亦當為識者所笑！

錯誤觀念

不少人在傳播媒介渲染之下，以為孩子讀書最好坐在文昌位，做生意謀利的最好坐在財位等，這個錯誤的觀念，可說十分普遍。

而事實每百不一驗，坐在文昌位讀書的不見進步，坐在財位的亦不見有利。原因在哪裏呢？是否玄空學不靈呢？

在香港，我自己就有這樣的體驗，許多時候替朋友看風水時，都會被問及哪裏是文昌位，哪裏是財位。

我脾氣較好，只有婉言解釋玄空不是這樣子的！

但有一位師承沈瓞民的大師，江湖上有響噹噹的名氣，他替人看風水時就最討厭人家問他哪裏是文昌位和哪裏是財位。我知道有好幾次他掉頭不顧而去！

許多稍為學過風水的人，都知道四綠是文曲，亦多以為讀書最好選四綠的位置，殊不知這是大謬和百不一驗。

亦有人知道「一白四綠相逢，科名大顯」之句，但卻不知道不當運時，一白四綠往往變成「四蕩一淫」。

我見過有略懂風水之人，在一間七運坐午向子的房子裏，設計一個房間開巽宮門，電梯在巽宮來路的給孩子讀書用，原先的意思是一四來路加上一四門，文曲交疊還不「科名大顯」？不料孩子住在這房子裏，完全無心向學，整天到外邊去玩耍，流連忘返，不用說功課自然極差。

一白四綠相逢，在六七運時是否因退氣以致完全不可用呢？這其中就有竅門存焉。

我在一九七七年加入《明報》工作時，金庸的社長室就是開一四門的，但卻真的科名大顯，文章蓋世，何解呢？

效果迥異

現時已拆卸了的舊明報大廈，是為五運建造坐丑向未的。

我是在一九七七年，時值六運期間加入《明報》工作，一直工作了十二年到一九八九年六月才退休的，所以對舊明報大廈的風水我是相當了解的。

記得當年我第一天踏入舊明報大廈，到社長室去見金庸社長時，暗中已在觀察《明報》的風水。

金庸當時的社長室是在九樓，位在樓面的坎宮角向海靠窗，開門之處在震宮（五運坐丑向未，二八入中全逆飛），是故一四到門。我當時心中暗讚這個一四到門，確是巧奪天工。難怪他那時候寫的小説和社論等，都極受歡迎和名重一時。

這個社長室一直維持到一九八四年，時值七運，金庸就把社長室搬到七樓去，改走離宮門，此後就減少了寫作。

玄空學之難就是在此，前文所述之一四到門與上文所提金庸的一四到門，若説退氣則兩者一樣，為何前者文曲到門卻使孩子懶散，而後者的文曲到門卻「科名大顯」呢？

好鑽研玄空學的朋友，如果不知道理何在，不妨在這方面多下功夫，一旦鑽通了而恍然大悟時，你的玄空學自然會進入另一新境界。

玄空學最重佈局和來路，不能只取文昌所到之處就是文昌位，以為坐在那裏讀書最好。八白是財，坐在那裏做生意最好。這是極低層次的風水。

在時值七運及現今八運期間，一白四綠相逢如果運用得不好，雖說是文曲，但「四蕩一淫」的現象是甚明顯的！

台灣玄空

至於偽術之傳揚，在台灣方面比香港更為厲害。一般來說，不少香港人對玄空有所誤解，以及部份屬於層次不高。至於奇奇怪怪的偽術，不是沒有，但卻不如台灣那麼多。當然台灣亦有高手，只是難求。

記得二十多年前台灣有一位朋友，在台北郊區買了一所房子。後來我去看過覺得不錯的，是為七運坐午向子，雙星到向，走震宮門，屋前有水，水後有山，格局頗為不錯。

但在我看之前，他曾請過一位當地的風水先生看過，那位風水先生評該屋極劣，勸屋主不要住。

這是在我說該屋風水不錯之後朋友告訴我的。我為了好奇，叫朋友去問一下那位風水先生如何評該屋不佳。

後來朋友告訴我，原來該風水先生是不理該屋是何運建造。因該屋為坐南向北，便以九入中順飛，因此四到南，四為文曲，而該屋南位有廁所，是固不佳云。

我聽後真的有莫名的感慨，朋友還告訴我那位風水先生頗有點名氣，自稱所學是家傳的。

另一個案更妙，台北有一間頗有名氣的公司，某年他們在基隆買了一個地盤建屋出售，便特地請我到基隆去替他們設計一個售樓辦事處。

當我在山上勘察地盤形勢和看應取甚麼坐向和開甚麼門的時候，該公司的一名股東也帶同一位業餘的風水先生隨着去看。

該處能取的坐向有好幾個，時在七運，既可取坐壬向丙雙星到向，亦可取坐戌向辰到山到向。結果我還是取二百二十五度開線坐艮向坤，取雙星到後。請猜那位同行的風水先生怎樣呢？

定向竅要

那位同行的業餘風水先生見我取二百二十五度開線，坐艮向坤，便對我説：「這是訟卦。」

言談間我發覺他對六十甲子分金之與卦爻關係及用法有頗大誤解。

而另一位略懂風水的陳姓朋友更問我，為甚麼捨雙星到向及到山到向之局不用。由於這位朋友我對他印象甚好，便詳加解釋。

因為該地盤是在一個小山上，前為馬路，左方可見有很長的路衝來。所以若取坐壬向丙這個雙星到向之局，雖然前面夠空曠，但左方衝來的道路便是巽宮路，飛星為二三同到，便犯了很重的鬥牛煞，地盤的是非會很多。

設若取坐戌向辰，始終無法使衝來之路得到旺星飛到。

我想了一會終於決定寧取坐艮向坤，雙星到後之局，那麼衝來之馬路便是八六，向首是一四，由於屋後也夠空曠，便在屋後加一噴水池。而開門則在離宮開門，且取地元卦丙爻，迎接馬路衝來之旺氣。

果然，這售樓辦事處建成後，生意真的很好，取得極好之售樓成績。而該公司的董事長對此個案十分滿意。

在台灣，術數風氣甚盛，有關之書籍亦多，到書局去看看，果真琳瑯滿目。但同樣與香港相似的，便是偽術也多。

我個人觀察所得，台灣方面頗流行「三合」，這是曾給沈竹礽大罵的一種「風水學說」。我如何會說台灣流行「三合」呢？因為我曾到台灣淡水的墓園去觀察，看過蔣孝文及蔣孝武的陵墓，七運造，是甚麼坐向和好不好呢？

要看緣份

我在台灣淡水的墓園看過很多墓地，其中有六運葬的也有七運葬的。但我發覺一點，便是很多陵墓應是「三合家」所為，所以我才認為台灣流行「三合」。

至於前文所提到的蔣孝文及蔣孝武的陵墓，也在淡水墓園，我不知下葬時有否風水先生指點，如果有的話，那位風水先生肯定不是採用三元玄空的。因為我用羅經測度過，兩墓都是坐甲向庚，七運造的。

兩墓相距不遠，都同在一個山頭上，我為甚麼說若有風水先生開線，則那位風水先生肯定不是採用三元玄空學說的呢？

因為七運坐甲向庚，是為上山下水，星辰顛倒，且全局伏吟，是為習玄空都不取的。稍為對玄空學有研究的人，既然山地是在坐東向西，就必取坐卯向酉，成為到山到向及全局合十之旺局，決無理由取坐甲向庚者。所以我說若有風水先生開線，則不知是屬於哪一家哪一派的了！

但該墓園亦有不少陵墓是六運下葬者，同樣不少也是取坐甲向庚者，但因為是六運下葬，則坐甲向庚是對的，因為六運坐甲向庚是到山到向之局。反而不用坐卯向酉，因六運坐卯向酉是上山下水，星辰顛倒，所以甚麼時間營造是十分重要的。

在台灣，因為鑽研術數的風氣比香港盛，各門各派的書籍也多，我也常到台灣去買書，所以我相信台灣必有不少高手，只是普通人不容易遇到而已！情況應如香港一樣，要看你是否有緣，並非看你是否有錢也！

風水故事

自古以來，玄空的偽術既多，而騙子亦不少。所以說一般信風水而又不懂分辨真偽者，最易上當！

以下是一個有關風水的果報故事：

話說在戰後初期，廣東沿海某村，地方雖小，但也是魚米之鄉。只是山水稍嫌逼窄，故出人多襟懷狹隘，而且貧富亦頗為懸殊！

村內最富有的是一名姓李的富翁，年約六十歲，但已滿頭白髮，是故村內巴結他的人便稱他為李翁，而其他人就稱之為「白頭李」。

他十分篤信風水，最信任村內一名風水先生，名字叫鍾山玉。

白頭李田地甚多，村內許多人都是向他租地耕種。所以，每年單是田租的收入，為數已經不菲，足以讓他不必工作也能輕輕鬆鬆地過活。同時他更借錢給人收取利息，所以，在村內欠他錢的人亦多。

飽暖思淫慾，白頭李除了元配妻子之外，還有三名姨太太。剛巧由於他的妻子叫阿梅，他就命令其他三名姨太太分別改名為「蘭、菊、竹」，正好給他湊成「梅、蘭、菊、竹」。風流自賞之外，還附庸風雅一番。

他得到第三位姨太太阿菊的過程較為傳奇，開始時白頭李也想不到阿菊會肯的。

阿菊個子高大，有別於一般村姑的嬌小形象。個性倔強，讀書雖然不多，但處事甚有計劃和工心計。

阿菊樣貌亦頗漂亮，追求她的大不乏人。她肯作白頭李的第三位姨太太，懷有一個不可告人的目的！

立志發財

阿菊自幼家境貧寒，父親名字叫阿富，但卻名不副實。租白頭李的田地來耕種，遇到失收的時候，不單只無法交租，還得四處張羅生活費。同時也借了白頭李不少錢，年年月月要付利息，使到阿富更加百上加斤。

不知白頭李是否早覷準了阿富的女兒，所以明知阿富不易有還錢的機會，但同樣肯借錢給他。

阿菊在家裏排行最長，下面還有兩名小弟弟，母親的健康亦因長期營養不良而變得很差。阿菊在開始懂事之後，由於個性倔強，以及嘗透了貧窮之苦，便立志不管怎樣，都以發財為第一要務。既使父母晚年不致太操勞，也可使兩名弟弟日後有錢開展自己的事業，不必再在鄉間務農。

在過去舊社會時代，農村中的貧家女子想要發達，最快的捷徑自然是釣得金龜婿。但在阿菊生活的村中，大多人都是貧窮的。所以儘管在阿菊十八歲後，追求她的男子已不少，但都未有符合阿菊的理想者。

在村中，白頭李富有是大家都知道的。所以阿菊早就想到，如果有一天可以像白頭李那樣有錢，則父母的晚年、弟弟的前途問題等都可迎刃而解，而自己更可過舒適的生活。

當白頭李還未討阿菊作第三位姨太太時，只有元配妻子阿梅及一名姨太太叫阿蘭，阿梅生有一名女兒，阿蘭則入門多年而仍無所出。所以白頭李雖然富有，但「無後為大」的觀念卻常困擾着他。

這些事情，阿菊和許多鄉人都知道的。

三元不敗

白頭李之能討得阿菊作第三位姨太太，也得由年前夏天，白頭李的父親去世而說起。白頭李由於篤信風水與命相之學等，父親去世了自然要找風水先生覓一吉地來安葬。當時他最信任村內一名風水先生名字叫鍾山玉，這位姓鍾的風水先生層次雖然不高，但仍屬中規中矩者。

當日鍾山玉在村內的一個山頭上找得一穴，認為是不錯的，便親自帶白頭李到山上，對白頭李說：「此地山水有情，並且可取『三般卦』，在此處葬下尊翁後，日後不單可丁財兩旺，且能三元不敗。」

白頭李既不明白甚麼是「三般卦」，亦不明白甚麼叫「三元不敗」。但以葬父之事可牽涉及日後家門是否興旺，不能等閒視之，便十分恭敬的問鍾山玉甚麼叫「三般卦」？甚麼叫「三元不敗」？

「三般卦」是玄空學的一個專門名詞，要向一個不懂玄空的人解釋，其實是十分困難的。結果鍾山玉只有對白頭李說：「三般卦是極好的，妻賢子孝之局。而三元不敗呢？那是說能旺一百八十年也！」

白頭李聽鍾山玉這麼說，心裏也覺得滿意。只是他覺得此穴既然被說得那麼好，那總該有個名堂吧。

這時山上的風很大，山下的草高可及人，被風吹過如浪般起伏。

白頭李問鍾山玉道：「請問老師此穴可有甚麼名堂沒有？」

鍾山玉給白頭李這麼一問，心中有點愕然，當即想到用一個漂亮的名堂來答覆白頭李。

玉尺量布？

鍾山玉這人腦筋也動得快，便對白頭李說：「此穴名字叫『玉尺量布』，你看山下的草，被風吹動的時候不是如一匹長布在面前展開那樣子嗎？」

這當然是鍾山玉杜撰出來以安白頭李的心的。「玉尺量布」這種穴不是沒有，但卻並不是如鍾山玉所說那樣的！

真的「玉尺量布」與「三般卦」有一點相似，兩者都是在安葬後數年才發的，但鍾山玉卻沒有把這點告訴白頭李。

白頭李聽過鍾山玉的解釋後，心裏也覺得滿意，便十分恭敬的對鍾山玉說：「老師既然認定此為吉穴，那麼就請老師擇定日期開線開穴。先父得吉地，福蔭後人，歿存均感。」

鍾山玉的拉線開穴也是有師承的。他回家擇得日期及時辰後，到了那天便帶同幾名工人上山。點定了穴位之後，便命工人動土。到了指定的深度後，鍾山玉先仔細看一下土壤的情況，然後在穴內拉一紅線，是取坐坤向艮者。

然後再在穴上拉一長達二十餘尺之紅線，與穴內紅線平行。然後再拿羅經測度。知道穴內與穴上的紅線方向一致，同是坐坤向艮。弄妥一切後才離去，等待吉日之時下葬。

鍾山玉這個方法是絕對有道理的。因穴內之線短，易有偏差。上加一長線平行對照呼應，稍有偏差都可看出來。

時值五運，鍾山玉取坐坤向艮自然是「三般卦」。但葬後一年，白頭李不但覺得不對勁，更聽到一些閒言！

散播謠言

白頭李葬父後一年，適值農田歉收，許多租戶都無法交租，亦有人借了錢後逃去無蹤。白頭李覺得有點不對勁，漸漸他又聽到外邊一些傳言，說他父親的墓穴風水不吉，是故葬後許多事都不順利。

村中有術士名字叫石勇，專門搞姓名學及測字等，亦替人算命看風水，正是十八般武藝，無所不能。他與鍾山玉一直以來都是處於對立的地位，而鍾山玉亦看不起他。石勇知道了白頭李父親的墓穴是鍾山玉所找的之後，便記在心裏。

適好一年後遇到歉收，白頭李覺得自己運氣逆轉之時，石勇便暗中在散播謠言，甚麼鍾山玉葬錯了白頭李的父親，使白頭李遭遇惡運等。這些謠言不脛而走，漸漸傳入白頭李的耳中。但白頭李因為一直都很信任鍾山玉，所以也只是心中懷疑而已！

而事有湊巧，在一個很偶然的機會，白頭李親自到一個欠租很久的租戶去了解情況，離去時與石勇碰個正着。

他們兩人原是相識的，只是白頭李雖然篤信風水及命相之學等，但卻從沒請教過石勇。

在白頭李的心中，可能覺得石勇太年輕，不可能在這方面有太高的成就。所以雖同生活在小村中，大家都知道對方是誰，但白頭李一直以來都沒有找石勇算過命或看相，在風水方面更不信石勇。

石勇看來年紀只有二十餘歲左右，面白無鬚，身材瘦小，約五尺高。

這次兩人相遇，可說是白頭李的劫數。

直言犯錯

石勇的術數層次雖然很低，但他卻十分懂得包裝、宣傳及推銷自己。所以在村中，許多人生下孩子後，都會抱去請他改名，或算算八字，生涯還算不弱。

他這天碰到白頭李，打過招呼便二話不說陰笑地離開。白頭李看在眼裏，覺得事有蹊蹺，懷疑自己有些甚麼不對勁的地方給石勇看了出來。

不單只白頭李有這感覺，連白頭李當時的一名隨從阿昆亦有此感覺。阿昆輕聲的對白頭李說：「老爺，看來石勇這小子似是知道了一些東西，看出老爺你解決不來，而他自己則胸有成竹的樣子。」

白頭李略一遲疑，石勇已走遠了！但他覺得阿昆的說話不無道理。白頭李回到家裏，當夜再三思量，覺得近年的運氣總是不好。回憶起白天遇見石勇時的情形——石勇陰笑地走開，難道真有甚麼玄機暗藏而被他知道了？

為了要打破這個啞謎，白頭李決定找石勇來好好地談一次。

翌晨一早起來，白頭李第一件事就是親自寫了一封信，着阿昆送去給石勇。內容是希望石勇來他的家一次，給他指點迷津！

阿昆去後不久，果然帶同石勇一同回來。這天石勇穿着灰色唐裝衫褲，手持摺扇，果有點書生的味道。香茗奉過後，白頭李便把悶在心中已久的說話說出來。

不料石勇殊不客氣的說：「不怕直言，你犯了兩項極大的錯誤！」

一再恐嚇

在小村子裏，雞犬相聞。村裏各人的生活動態，不必刻意去打聽，很多時都可在村人的耳語相傳中知道。

更何況白頭李是村中的首富，他的一舉一動，很自然會成為村人的話題。

所以，有關白頭李納妾、葬父及一些私生活的瑣事，石勇都從傳聞中得知！

那天石勇去見白頭李，是有備而去的。

所以一開口便直指白頭李犯了兩項極大的錯誤，先嚇他一嚇，看他有甚麼反應。

果然白頭李中計，他本來手持茶杯在喝茶的，聽石勇這麼一說，便急忙放下茶杯，對石勇說：「請問先生我犯了甚麼大錯？有甚麼影響？是否可以改正？」

這時石勇才好整以暇的說：「這裏不是說話的地方。」隨着以目光掃射一下廳上的僕人。

白頭李明白石勇的意思，便站起來帶石勇到書房去。

賓主坐定後，石勇展開摺扇，徐徐對白頭李說：「觀李翁的氣色，百日之內將有一劫！」

這分明是再嚇白頭李。

白頭李不知江湖險惡，給石勇一再出言恐嚇之下，便誠惶誠恐地問石勇：「那可有甚麼禳解之法？」

石勇眼見白頭李將要入彀，心內暗喜，知道只要依照計劃一步一步的進行下去，定可玩白頭李於股掌之中。

石勇正容的封白頭李說：「你第一個最大的錯誤是到現時才得一妻一妾！」

這下子真使白頭李丈八金剛，摸不着頭腦。

穿鑿附會

白頭李帶點氣惱地對石勇說：「妻妾少也算是犯一大錯？」

石勇說：「別人不算錯，但對你來說就是犯了大錯！」

白頭李更不明白，開始有點怒氣，石勇亦已看在眼裏。

石勇是一個很懂玩弄手段和看風使舵的人。

到了這個田地，知道不可再賣關子，否則真的惹怒了白頭李便前功盡廢。

石勇對白頭李說：「你元配夫人名字叫阿梅，第二位夫人叫阿蘭，這是許多人都知道的。」

白頭李沒好氣地說：「那又怎樣……」白頭李不想再說下去，石勇已急急的打斷他的話題：「你先不要氣惱，且聽我說。你第二位夫人名字叫阿蘭，『蘭』與『難』同音，如果你本意與傳說那樣，是要娶四位夫人的，那麼就快些娶第三房及第四房夫人，否則就是『遇「蘭」而止』，那與『遇「難」而止』在讀音上有甚麼分別呢？當然，如果你是只有一位夫人的，那名字叫甚麼倒不相干！」

這是標準的穿鑿附會之言，也虧這個江湖術士石勇想到，並藉此嚇白頭李。

也合該白頭李倒霉，遇到了這樣一個江湖術士。而那極度無稽的說法，竟又聽進耳裏，暗念年來運氣奇差，難道真的與這有關。

白頭李心裏在盤算，不管石勇所言是否有道理，再多納兩名妾侍，趕快湊成「梅、蘭、菊、竹」享受一下人生，也是好事！

石勇知道白頭李已心動，便準備出另一陰招。

第二項錯誤

石勇對白頭李說：「你衝破了『蘭』關以後，並非就此一帆風順的。你還有第二項錯誤需要修正。」

白頭李有點摸不着頭腦，帶點疑惑的問石勇道：「還有第二項錯誤？」

石勇以肯定的語氣說：「對的，第二項錯誤就是你太信任鍾山玉。據說他替令尊大人所選的墓穴是『玉尺量布』，但我去看過，哪裏會是『玉尺量布』，是他誑你而已！」

這下子白頭李真如遇到晴天霹靂，怎麼也想不到鍾山玉會騙他的。

其實鍾山玉並沒有騙他，只不過覺得很難對他解釋甚麼是「三般卦」，便隨便說一個名堂來哄他而已！而事實那墓穴論風水是不錯的，不過一般的「三般卦」是要葬後六年左右才發的。而且發後就會三元不敗。只是在六年之內因尚未發生好風水的作用，以致很易被人誤認為風水不妥。

在白頭李還是有點半信半疑的時候，石勇又再加鹽加醋的詆譭鍾山玉。

石勇對風水學其實了解不多，不用說在層次上比鍾山玉低許多。他對白頭李說：「我去看過尊翁的墓穴，是五運的坐坤向艮，是為上山下水、星辰顛倒之局。」
這下子真的要命，原來石勇不知道三般卦之局是不忌上山下水、星辰顛倒的。
而白頭李聽到「星辰顛倒」，便也不求甚解，信了石勇所言。而石勇為堅定白頭李信心，再作一項頗特別的提議。

催促遷葬

石勇對白頭李說：「我認為要改善尊翁墓穴的風水，修正你犯的第二項錯誤，看來只有遷葬一途！」
白頭李一聽到「遷葬」，便馬上遲疑起來，因為「遷葬」之事不是說做便可以做的，一定要先選到有好的山地和墓穴，還要有好的風水先生開線。而且，好風水的墓穴亦不易求。
石勇見白頭李一言不發地在沉思，也猜到他的心意，亦知道他還未十足十的信任自己。
而石勇果也計劃周詳，亦屬詭計多端，他對白頭李說：「這樣吧，如果你還不信尊翁之墓穴一定要遷葬。可以去求神明指示，看是否有此需要，如果神明說不必遷葬，那就不遷好了。」

由於白頭李信風水和掌相命理，家裏亦有拜神，當然相信神明。但如何求神明指示，他卻一時間也想不出來。

當下白頭李便問石勇說：「要怎樣才可獲得神明指示呢？」

石勇不慌不忙地說：「這還不容易，在這村裏有一道觀，是我的朋友阿祥主持的，他也是乩手，我們去扶一次乩，求神明指示一下，看尊翁的墓穴是否好風水，如果風水不好是否有必要遷葬，那不是甚麼疑難都解決了嗎！」

白頭李聽石勇這麼一說，也覺有道理。

石勇也不等白頭李是否答應，接着說：「我回去先約好阿祥，叫他預備一切。明日中午我們在村口會合，一同求神明指示。」

白頭李果然接受下來，答應明日中午與石勇一同去扶乩。

石勇離開白頭李家，便立刻去進行一項秘密勾當。

求神指示

石勇向白頭李告辭後，並不立即回家去。他繞道走了幾條村路，然後鬼鬼祟祟的去找阿祥。

阿祥與石勇年紀相若，兩人自小即甚為相得，而個性亦相似，是屬於但求自己有好處，便不惜損人利己之人。

石勇摸到一間石屋門前，只敲了幾下門，便見到阿祥出來應門，石勇側身入內，轉身關上門，便與阿祥站在那裏談話。他在阿祥耳邊輕聲說了幾句話，只見阿祥頻頻點頭，似是答應石勇的要求。

不久就見石勇開門出去，臨走前還回頭對阿祥說：「那麼我們就一言為定了！」

石勇與阿祥串謀甚麼？相信聰明的讀者都會猜到。

翌日中午，石勇依時在村口等白頭李。不一刻，就見到白頭李帶同隨從阿昆一同到來。

由於是小村子，地方不大。三人會合後只步行了數分鐘，便到了一間石屋，簷前有一列用作點綴式的綠瓦，門側掛有一小匾，上書「祥雲道觀」四字。

石勇領着白頭李及阿昆推門入內，只見阿祥在神壇前閉目打坐，口中唸唸有詞。由於石屋面積不大，在香火繚繞下，整間屋子顯得煙霧迷離，帶點神秘的氣氛。

三人入內站定後，只見阿祥徐徐張開眼睛，慢慢站起來，抹一下衣袖。石勇馬上上前給阿祥介紹白頭李與阿昆，並道明來意。

阿祥點頭表示明白，在神前拜一拜，隨即開乩。

乩文出現幾個字後，白頭李大驚失色！

乩文恐怖

乩文出現了八個大字，是「綠尺扙屍，走避為宜」。白頭李細讀一遍，心中極度震慄。接着乩文又再出現八個字，這回是「長留舊地，家道凋零」。

白頭李呆在那裏，心中在想怎麼鍾山玉說的一個「玉尺量布」的風水地竟然變成「綠尺扙屍」！

當然他不知道這是石勇與阿祥串同來做的一齣戲。目的在嚇他，使他墮入他們計劃的轂中。

所以說如果不懂理氣，單看朝山或巒頭形似甚麼，很多時眾說紛紜之外，還會為江湖術士所利用。

舉例來說，在拙著《玄空紀異錄》中，就有一個故事說有人論大嶼山的風水為「大牛帶小牛，代代出公侯」，但又有人說那是「大象帶小象，代代出和尚」，可見似甚麼是有各人的主觀在內。

還有一個例子，據說某地有一個山頭，有人說它是「漁翁撒網」，是丁財兩旺的。但又有人說那山遠看雖有格仔如漁網，但卻不是漁網，是僧袍也，所以稱之為「僧侶曬袍」，是絕後的山云。

由此可知單看形似會有多大差距，已經不只是「差之毫釐、謬之千里」，而是背道而馳的兩回事！

石勇見白頭李呆在那裏，知道自己的陰謀已經成功了一半，以後盡可以慢慢的去魚肉他了！

不一刻，阿祥放下乩筆，惺惺作態的問白頭李說：「剛才的乩文，你們都明白了吧？」

白頭李點點表示明白，但心內滿不是味道。

三人步出道觀後，白頭李眼前忽然一亮。

有歪主意

一個薄施脂粉的健美村姑，在白頭李的面前走過。白頭李這人正是驚悸未過，色心又起，覺得這位村姑着實可人。

阿昆在旁亦已看出白頭李的心意，便輕聲的在白頭李的耳邊説：「剛才走過的那位村姑，是欠下我們許多錢的那位阿富的女兒。」

白頭李哦的一聲，這時才如夢初醒，隨即想到一個歪主意，只是在石勇和阿昆面前沒有説出來。

白頭李緩步的向着回家的路上走去。石勇與阿昆亦步亦趨。白頭李一直邊走邊在低頭沉思。走了一大段路，快要到家門了。這時石勇才走上前與白頭李並肩而行。輕聲的對白頭李説：「遷葬尊翁的事你已決定了沒有？」

白頭李斜睨了石勇一下，然後對石勇說：「此事不可草率，你讓我考慮一兩天。我如果決定要遷葬家父，自然要勞煩你打點一切。」

石勇想不到乩文把白頭李嚇了一跳，而白頭李還要再三考慮。隨即故意緩聲的說：「有神明的指示你還不相信，還要考慮？」

其實當時石勇不知道的是，白頭李考慮找鍾山玉來問一下究竟，以及看鍾山玉有甚麼解釋，才再作決定。

石勇一直送白頭李到了家門才告辭，眼看着白頭李與阿昆入內後才轉頭離去。

白頭李當夜輾轉難眠，反覆思量，既覺得石勇所言有點道理，但又有點「第六感」覺得石勇這人不太老實。對扶乩所得的指示，覺得不履行不太好，但心中又好像不大願意去履行。至於湊夠「梅、蘭、菊、竹」，他反而有了主意！

威逼利誘

當夜白頭李能夠決定的，就只有這麼一件事，決定在短期內討第三房及第四房的姨太太。

至於對象呢？第一個他就想到白天見到的那位健美村姑——阿富的女兒。

他知道阿富欠下他田租及一些借款，心想給予阿富一些優厚的條件，説不定他會肯把女兒給他作妾侍。

再想下去，他覺得這確是辦法，因為「阿蘭」也是在差不多的情況下答應作他的第二房姨太太。

他心中在盤算，近年來欠他錢的人不少，所以覺得從這方面着手，要湊齊「梅、蘭、菊、竹」，應該並不困難。

至於是否要遷葬父親，則可慢慢與鍾山玉商量一下再説！

白頭李主意既定，翌日一早醒來，便召他的親信隨從阿昆到書房去，對阿昆説想討昨天見到阿富的女兒作第三房姨太太。要阿昆到阿富的家裏去走一趟，開出的條件是過去所有的欠債一筆勾銷，所租的耕地今後亦免租。但如果阿富不答應呢？則決定把他告到官府裏去！

這是標準的威逼利誘，目的就是要阿富就範，至於他的女兒是否願意，他已暫不考慮了。

阿昆領命前去，還依照白頭李的意思帶備了一些海產作禮物。

在村路上才走了十餘分鐘，阿昆已到達了一間破舊的磚屋門前，他知道阿富一家人是住在這裏的。

阿昆正準備敲門，卻聽到屋內有吵架聲和責罵的聲音。阿昆細心聆聽，不禁嘆一口氣。

派人說親

原來阿富與妻子吵架，要妻子到一個表親處借錢應急。但妻子不肯去，結果兩人就大吵起來。阿昆在門外聽到他們夫妻不停在吵，不外是為了錢，不禁嘆一聲貧賤夫妻百事哀！

阿昆也十分聰明，知道不應在這個時候敲門，便坐在門外的一個小石墩上等候。

大約過了半小時後，見屋內已沒有聲音，知道他們夫妻不再吵了。這時候才站起來整理一下衣衫，手裏拿着海產禮物到阿富的家去敲門。

應門的是阿富，他見到阿昆突然來找他，心裏已暗吃一驚，知道他不會無故而來的，猜想是白頭李差他來追債，卻沒料到是來說親。

阿昆入內坐定後，環目四周，見阿富確是家徒四壁，僅有的枱椅也是十分破舊。從阿富的神態，他亦看出阿富是怕他來追債。

阿昆知道他剛與妻子吵過架，為了先穩定阿富的情緒，他倒有點小聰明，先替白頭李説好話，説白頭李為人如何仗義疏財，如何幫助貧苦大眾，是一等一的好人，是富有的仁人等。

阿富一邊在聽，一邊心裏奇怪阿昆為甚麼向他説這番話。

最後，阿昆終於説出此行目的，就是替白頭李説親，要討他的女兒作為第三房姨太太，並且開列了白頭李願意付出並認為是優厚的條件。

哪個為人父母者會願意讓自己女兒作人家的妾侍、作人家的玩物呢？阿富也不例外，只是他的答覆，卻使阿昆有點驚訝！

心裏反對

阿富深知女兒脾氣倔強，莫説自己不想答應將她嫁給白頭李作妾，就算自己答應也沒有用。

由於阿富知道自己欠下白頭李不少錢，若自己反對這門親事，必被白頭李追債追得永無寧日。

阿富主意既定，便對阿昆説：「女兒的事由女兒自己作主好了。我們作父母的也不想替她拿主意。」

阿富這麼説其實是想藉女兒不肯而推掉這門親事。

不料阿昆窮追不捨的説：「那麼你快點問問你的女兒，看她主意如何？」

到這時阿富才説出心底的話，他對阿昆説：「其實李翁的年紀比我女兒起碼大四十年以上，看來亦不匹配，所以我亦怕女兒會反對。」

阿昆這人確實脱不了跟班走狗的特色，他毫不客氣地説：「討妾侍不討個年輕貌美的，難道要討個阿婆回去？」

阿富見阿昆這麼説，心裏十分反感，默不作聲。

過了一會，阿昆已不耐煩，狠狠地説：「識趣的快點勸勸你的女兒，只要此次説親順利，李翁一高興，那麼你們一家大小今後就可以享福，不必再捱窮了！」

阿富知道阿昆這人不好得罪，便幽幽地説：「女兒今天剛巧不在家，等她回來我儘管對她説一下吧。有勞你多走一趟，明日下午再來一次，看看我女兒的意思如何。」

這是阿富無可奈何的緩兵之計，阿昆也看出來。只是不好太勉強，放下禮物便也告辭。

阿昆回到家裏，白頭李又急急的給他另一差事！

查問原因

原來在阿昆去了替他説親後，白頭李在家裏左右思量，覺得無論鍾山玉是對是錯，都應找他來問一下。就算是錯，也應讓他解釋和給他一個辯白的機會。

主意既定，就在客廳裏來回踱步，一心只等阿昆回來。

所以白頭李一見到阿昆回來，聽完阿昆向他報告一切後，便馬上要阿昆去找鍾山玉來見他。至於阿昆並無對阿富施行強大壓力，讓阿富有時間去考慮，白頭李也覺得是對的！

阿昆出去後不久，大約一個小時左右，就帶同鍾山玉一同回來。

鍾山玉這天穿着灰色的唐裝衫褲，腳踏黑色布鞋，手持摺扇，年齡看來四十餘歲，長面長耳，一舉手一投足，都有點星家的味道。雖然他的層次亦不高，但比石勇就好得多了！

白頭李與鍾山玉寒暄一番，從舉止上已看出白頭李其實仍是十分尊重鍾山玉。

兩人分賓主坐定後，鍾山玉即開始向白頭李説：「李翁今次專誠召我前來，不知有何吩咐？」

白頭李稍為遲疑了一下，終於覺得還是直說的好。

白頭李喝口茶後說：「家父的墓穴是老師你開線定位的，據說風水不錯。只是不知如何，葬後至今，我覺得許多事都不甚順利，不知與此是否有關？」白頭李說完這番話後，就靜看鍾山玉的反應。

鍾山玉到底見過世面和有點修養，當下十分冷靜地回答白頭李：「尊翁的墓穴，風水肯定上佳，只是……」

有人搗鬼

白頭李迫不及待的問：「只是甚麼？」

鍾山玉這下才鼓起勇氣的說：「尊翁的墓穴風水屬於『三般卦』者，一般『三般卦』的風水，是安葬後數年才發的。」白頭李這下可氣了，立即搶着說：「那你為甚麼要選擇這樣的風水？為甚麼不早點告訴我？」說完還有點恨恨的樣子。

鍾山玉見白頭李有點氣惱，怕他真的翻起臉來可不是玩的，便立即和顏地對白頭李說：「李翁，你且不要急，聽我慢慢說來。我之取『三般卦』，是因為『三般卦』的風水只要等數年就必發，而最重要的是發後就可直旺一百八十年，是為『三元不敗』的上佳風水。你說這樣的風水等它數年來發生作用，是否很值得呢！」

這下白頭李可沒話說了，腦筋一轉，他忽然又想起「玉尺量布」這名堂。

白頭李對鍾山玉說：「你的功力我是相信的，我並無意拖你後腿。家父的墓穴風水，在下葬之時我聽你說過是『玉尺量布』，只是近日我偶然聽到有人說，家父的墓穴風水並非「玉尺量布」，而是極恐怖的『綠尺扙屍』，你對此可有甚麼解釋呢？」

鍾山玉料不到白頭李有此一問，低頭稍一思索，立即明白是有人在搗鬼，而且一下子就想到可能是石勇，因為多年來石勇一直是與他唱反調，以及偶然放些冷箭打擊他。

鍾山玉氣憤的說：「我不知道是誰造的謠，如果是石勇這江湖術士，你千萬不可信他。」白頭李知道鍾山玉與石勇兩人水火不容。

當下說出了石勇的提議，鍾山玉立即怒不可遏。

反對遷葬

白頭李對鍾山玉說：「石勇只是提議家父的墓穴遷葬，他並沒有說過甚麼。」這話雖似是替石勇辯護，其實等於說是石勇搗的鬼。因此，鍾山玉怒火中燒，面也紅了，氣促地說：「『綠尺扙屍』是石勇這傢伙說的嗎？」

白頭李這下子真的替石勇辯護了，他對鍾山玉說：「石勇只說過家父墓穴風水為上山下水、星辰顛倒，『綠尺扙屍』卻不是他說的！」

鍾山玉感到奇怪，難道這小村子又再出現另一位風水先生，因此他問白頭李說：「李翁，不是石勇說的，難道還有別人？」

白頭李終於說出了真相，說是扶乩得到的啓示。

這下子使鍾山玉十分難堪，他既不敢說神明的不是，但不反駁又不行，最可憐的是他不知是石勇與乩手阿祥串同來搗的鬼。

至此，鍾山玉也只好再向白頭李解釋，「三般卦」在五運是上山下水、星辰顛倒，但因為是「三般卦」，故不忌。且葬後六年必發，而發後就「三元不敗」，直旺一百八十年。

儘管鍾山玉如何詳細解釋，由於白頭李不懂風水，所以並沒有聽進耳裏去。

白頭李不但沒有接納鍾山玉的解釋，還故意地說：「如果能找到更好和可以即葬即發的地，我遷葬先父也有道理吧！」

不料鍾山玉反應劇烈，十分倔強地說：「絕對不能遷葬，特別在今年不能遷葬。」

白頭李見鍾山玉氣呼呼的，以為他是在發石勇的脾氣，而不知道其中大有道理存焉。

隱瞞道理

其實鍾山玉大力反對白頭李遷葬其父，並非只為了針對石勇或發脾氣，而事實上是以風水學上的道理作為根據。因為當年「八」入中宮，是為五黃到坤，二黑到艮。而白頭李父親的墓穴是坐坤向艮，故此絕對不能在那年遷葬，只要一動土便立即有禍。

但鍾山玉這人性格就是這樣，許多時候其實只要把道理說出來就可使事情得到解決的，他就偏把這個道理隱瞞起來。

這次也不例外，他並沒有對白頭李說明為甚麼不能遷葬其父，只是十分強硬地說：「絕對不能遷葬。」因而使到白頭李誤會他是因為與石勇水火不容，而故意反對遷葬之事！

雖然白頭李再三追問鍾山玉為甚麼不可遷葬，但鍾山玉好像怕人偷師那樣，只是一再強硬地反對遷葬，就是不把道理説出來。

最後鍾山玉對白頭李説：「你一定要聽我的説話，千萬不可魯莽的遷葬尊翁。因為只要一動土，就必然禍事連連，所以絕對不可亂來。而且主持遷葬的地師，亦難避免受到牽連，所以我是絕對不會替你做這事情。」説罷鍾山玉喝口茶，就站起來準備告辭。

而白頭李也沒有留他，送他出門口後就回來坐在大廳那裏發愣。

話分兩頭，話説阿富送走阿昆後，正在擔心不知該如何對女兒説。

他當然反對女兒嫁給白頭李作妾，但又怕白頭李翻臉無情向他追債，那也不是容易應付的。他與妻子商量後亦不知該如何做，心中正在十分徬徨之際，他的女兒回來了。

欲言又止

阿富的女兒還未嫁給白頭李前，在家裏的小名是阿雪。雖然還未到二十歲，但長得健美，身材高大。個性雖然十分倔強，但卻十分聰明而且機智。

這天阿雪剛回到家裏，就發覺家裏的氣氛好像有點不對勁，覺得家裏好像曾發生過甚麼事似的。

阿雪見父母坐在一起，愁容滿臉，以為他們又在為錢債而煩惱。走過他們身邊時輕輕叫了一聲「阿叔、阿嬸」，然後向房裏走去。阿富見女兒叫他，立即叫了聲「阿雪」。

阿雪站在那裏等父親向他說話，不料阿富欲言又止。

在廣東許多農村地區，都有把父親與母親稱作阿叔與阿嬸的習慣，而阿富的家庭亦正是這樣。

阿雪返回房裏換過衣服後，再度走出廳來，見到父母坐在木椅上嘆氣，知道他們一定有事困擾着無法解決。

阿富見到阿雪走近他的身旁，便示意阿雪坐在他跟前的一張矮木椅上。

阿富想開口對女兒說白頭李曾派人來求親之事，但又再欲言又止。

阿雪到底聰明，知道父親有重要之事對她說，便站起來走到一破爛的木枱前，倒了一杯熱茶給父親，然後說：「阿叔，先喝口熱茶，有甚麼事儘管說好了！看我是否有辦法解決。」

阿富終於鼓起勇氣說：「白頭李今早派人來過，要討你回去作妾……」

還未說完，阿富已在留意及等待女兒阿雪的反應。

反應冷靜

不料阿雪的反應十分平靜，她冷冷地對着父親阿富說：「你們已答應了他嗎？」

阿富怕女兒誤會自己為錢而答應了白頭李，便急急地說：「說實在的，我哪捨得讓你去作白頭李的妾侍？但我又不能直接的反對，原因你應該明白的，是因為我欠下他不少錢。所以我只有把他派來說親的人暫時打發走，說這事要由你自己作主！」

阿雪雖然年紀輕輕，倒真有點女強人的本色，眼也不紅的再問她的父親阿富道：「白頭李要討我作妾，開列了甚麼條件呢？」

阿富料不到這位自小即個性倔強的女兒會有這一問，當下有點怯懦地說：「白頭李說我欠下他的錢可一筆勾銷，所租的耕地今後亦免租，但……」

阿雪急急的問：「但甚麼……還有甚麼條件？」

阿富本不想說的，但在女兒催促下，便十分無奈地說：「白頭李說若我們不答應他，他就會把我告到官府去，迫我還錢！你是明白家裏的環境，我哪裏有錢還他呢？」

阿富說完又在嘆氣。

阿雪由開始知道白頭李要討她作妾後，一直都能保持冷靜，反而他的父母情緒有點激動。

阿雪坐下略一沉思，接着便對父親阿富說：「阿叔，你答應他們吧！但要再增加一些好處給我們。」

阿富萬料不到女兒有此一着，竟然答應作白頭李的妾侍，當下有點口吃地問道：「你答應作白頭李的妾侍？」

阿雪昂起頭來說：「我是有計劃和目標的！」

另有陰謀

阿雪個性雖然倔強，但說到這裏，眼圈也不免紅了，她接着說：「我犧牲自己不要緊，但重要的是要能真正改善家裏的經濟環境。我們實在苦夠了，也窮夠了！」

阿富低頭沒有説話，他想不到女兒年紀輕輕，思想卻那麼成熱。更由此想到自己一生命運坎坷，內心有點累及妻兒的感覺！

阿雪稍一思索，接着又説：「阿叔，你去對白頭李説，我答應作他第三房的妾侍，但除了要勾銷過去你欠他的債務，還要送我們兩畝地，另外十両黃金作聘禮。如果僅是免今後耕地租金，我們就不要答應他。」

説完這番話後，阿雪心中又盤算着另一更大的計劃，只是她沒有把計劃告訴父親。

阿富聽女兒説完這番話後，呆在一旁，心中在想女兒的確比自己厲害！

阿雪見父親不答話，以為父親可能覺得她所提的條件太辣，當下便對父親説：「阿叔，不要緊的，討價還價嘛！他要我作他的玩物，當然要付出一定的代價。反正他有的是錢，如果真喜歡我，當不會吝嗇。如果不喜歡我，我送上門他也不會要。」

阿富覺得女兒的話也不無道理，只是怎麼説，自己也沒有理由明言表示贊成這樁「買賣」，所以也只有默不作聲，而阿富當然亦不知道女兒原來在計劃一項更大的奪產陰謀。

果然不出阿雪所料，翌日白頭李再派阿昆來提親時，阿富開列了條件後，阿昆回報白頭李，隨即獲得答應。從此阿雪變作了阿菊——白頭李的第三房姨太太，而阿雪的另一項陰謀隨即展開。

兩項目的

白頭李迅速答應阿富兩父女的要求，自亦有他的道理。第一，他要盡快結束石勇所說「遇蘭而止」的情況；第二，他那天在路上巧遇阿雪，心中已很喜歡她。白頭李明白阿富兩父女所提的條件無疑較苛，但為了要阿雪歡歡喜喜地來作他的妾侍，那也不能太計較。否則討得阿雪回來，卻變作黑面神似的「阿菊」，那也沒有意思。

所以白頭李稍加考慮，便毫不吝嗇地答允阿富兩父女的要求。

至於阿雪，決定犧牲自己，去作白頭李的第三房姨太太，也有兩項目的。第一，是先為家庭切斷窮根；第二個目的，她就一直放在心內，沒有說出來，就是為白頭李添一男丁，那麼白頭李將來去世後，他的家產就是自己的了。

因為她知道白頭李膝下只有一女兒，並無兒子，而在舊日的農村社會，也只有兒子才能承繼家產。

阿雪自小個性倔強，為求目的不擇手段。所以她自答應作白頭李的妾侍，即盤算着如何為白頭李添一男丁，而且更想到一定要快，否則到白頭李再討第四房姨太太「阿竹」後，機會更微。因此，心狠手辣的阿雪，想到萬一白頭李不濟事，則暗中去偷漢也要完成此項目標。

這樁「買賣」，由於雙方都沒有很大爭持，結果很快便達成協議。

阿雪自入白頭李之門後，便被改名為「阿菊」，從此她便開始過有錢人家姨太太的生活。

轉眼過了一月，一天早上，白頭李早上起來，忽然想起了一事，心驚膽戰。

不祥預兆？

話說那天白頭李早上起來，眼眉在跳個不停。白頭李是個頗迷信的人，心中忐忑不安，不知道自己眼眉不斷跳動是預兆甚麼？

忽然間他想起了日前石勇對他說，百日之內將有一劫。想到這裏，白頭李不免心驚膽戰，因為石勇對他說這番話至今，已過去了一個多月。如果石勇所言是應驗的話，那麼事情很快就會發生了。

對自己眼眉不斷跳動是預兆甚麼，白頭李在疑神疑鬼情況下，更加深了他的恐懼感。

白頭李回想起自有了「阿菊」後，已有差不多一個月的時間沒有見過石勇。心想找石勇來談談也是好的，主意既定，早飯過後，便派阿昆去找石勇。

這個月內，石勇也故意不去找白頭李，既是欲擒先縱，也是讓白頭李知道自己並不緊張他是否還葬其父。石勇深明白頭李的個性，你愈緊張他就愈容易起疑。

到中午時分，阿昆果然找到石勇，一同回來見白頭李。

石勇知道白頭李不會無故找自己的，一定是有疑難之事不能解決。當僕人還未奉茶之時，他便故意仔細的打量白頭李一番，然後對白頭李說，「李翁，你雖然討得阿菊沖喜，破了『遇蘭而止』這一關。但今日觀你的氣色，卻比我初遇你時還差。記得當日我對你說過『百日之內將有一劫』，看來劫數已迫在眉睫了！」

石勇這番話果然生效，白頭李在給他一嚇之下，再度讓他牽着鼻子走。

覷準時機

白頭李急忙問石勇道：「我的劫數難道真的與先父的山墳風水不吉有關？」

石勇以斬釘截鐵十分肯定的語氣說：「那肯定是有關的，難道你不信一命二運三風水？」

白頭李給石勇這麼一說，果真相信自己在不久將來會有一劫。

石勇這人也有點小聰明，他只說到這裏便不再說下去，只看白頭李的反應！

結果白頭李帶點歉意似的問石勇道：「你說先父的墓穴需要遷地為良，不遷真的不行嗎？」

石勇覷準了白頭李的心理，並不立即答他，讓他自己乾着急。

白頭李見石勇不答他，他終於忍耐不住把不想遷葬其父的理由說出來。他對石勇說：「先父的墓穴是鍾山玉老師經手的，你大概也知道吧。我日前也問過鍾老師關於遷葬之事，只是他大力反對，而且說只要一動土就會禍事連連，而主持遷葬的地師亦難免受牽連之。他說得那麼嚴重，你叫我如何敢去遷移先父的墓穴呢？還有，就算遷移，也得先找到上佳的風水地才行。現在連遷葬去哪裏都沒有頭緒，你說如何去進行遷葬呢？」

白頭李一口氣說到這裏，還有點氣促，但仍想繼續說下去。

石勇知道時機已成熟，便急忙接着說：「關於遷葬尊翁之事，上次扶乩問過神明，已經得到神明提示一定要搬遷，走避為宜，否則便家道凋零，難道你這也不怕！」白頭李深深嘆一氣，石勇覷準時機提出了兩項建議。

金粉灑梧桐

對於白頭李遲遲無法決定是否遷葬其父墓穴，石勇早已料到最大的阻力必然是來自鍾山玉。否則的話，以上次扶乩所得乩文之恐怖，一般人早就中計了！

石勇是一名標準的江湖術士，在他來說是只要有財，就不管人家死活，所以他根本沒有理會白頭李父親的墓穴是否適宜搬遷。

他亦深深知道，只要白頭李聽從他的說話，決定遷葬其父，則他必可發一筆不大不小的財。而他一直鼓勵白頭李做這事，目的亦不外如此。至於遷葬後對白頭李有甚麼不良後果，他已不去理會了。

石勇知道白頭李對鍾山玉的信心已有動搖之象，便覷準時機提出兩項建議。

石勇說：「這樣吧，我帶你再去扶乩，再去問一次神明，如果不遷葬尊翁，可有甚麼補救之法。同時我曾經找到一處風水上佳的吉地，可以帶你去看看。如果看過你也滿意的話，再考慮是否遷葬尊翁至該處也不遲。

白頭李默然良久，終於接受了石勇這兩項建議。兩人便相約明日早上再去「祥雲道觀」扶乩，到中午飯後便到石勇所找到的風水吉地去看看。

石勇將要告辭時，白頭李忽然想起凡風水吉地，大都有個名堂。

當下便輕聲的問石勇道：「你找到的風水吉地，可有甚麼名堂？」

石勇毫不猶豫的答道：「那是極佳的風水地，是『金粉灑梧桐』也！」

也真虧這個江湖術士想到這麼漂亮的一個名字，白頭李也為之動容。

二次扶乩

石勇向白頭李告辭後，在路上拐了幾個彎，肯定了沒有人跟蹤，然後悄悄地摸去「祥雲道觀」找阿祥。

石勇在「祥雲道觀」裏與阿祥商量了好一會，決定明天早上白頭李來扶乩時，出些甚麼乩文來騙他。

只見阿祥在説話，石勇連連點頭，然後説：「好好，那麼我立即去做，這事還是我自己親自去做好。這種事情只宜你知我知，所以我認為不宜找人去做。」

石勇頓了頓，接着又問阿祥道：「你清楚知道前幾天，山上曾經下雨嗎？」

阿祥連連點頭道：「對的，那天我到山上去練功，遇到了傾盆大雨呢！」

石勇自言自語道：「看來這是分龍雨！村裏好像也有雨，不過是微雨。」

最後石勇站起來，準備開門離去。他在門縫上看見外邊沒有人，然後一個閃身出去，逕自回家拿工具到山上去。

一宿無話，翌日清早，石勇便去找白頭李，僕人通傳後，石勇在門外等候，不久便見白頭李與阿昆一同出來。只見白頭李身穿灰色唐裝衫褲、褲管束着，足登布鞋，一副準備到郊外去的樣子。

三人在村路上走，不久便到了「祥雲道觀」。白頭李不久前曾在石勇帶領下來過這裏，他認識乩手阿祥。

石勇輕敲一下道觀的門，然後與白頭李及阿昆推門入內，只見阿祥早坐在神壇前等候。

白頭李道明來意後，阿祥便開始口中唸唸有詞。

設下圈套

乩手阿祥開始拿起乩筆，在沙上隨意撥幾下之後便開始寫字，白頭李目不轉睛地在一旁注視着，只見乩文一個字一個字的出現，白頭李讀來，是「墳前積水，先人難安」。

白頭李高聲地對站在身旁的石勇說：「不久前清明時我才到過山上去，家父之山墳好端端的在那裏，墳前綠草如茵，哪有積水之事？」

白頭李高聲的說，是旨在讓乩手阿祥也聽到。他說完這番話後，就在等石勇或乩手阿祥的反應。

不料石勇不慌不忙的說：「你如果不信，我們一同到山上去看看，那麼是否真有積水之事，不是自有分曉？」說罷便從衣袋裏摸出一包香煙來，分別遞給阿祥、阿昆及白頭李，見他們都謝過表示不抽煙後，然後抽出一枝香煙啣在唇上，點火後噴出了煙圈，滿懷信心的對白頭李說：「神明的啓示絕不會錯的，我們現在一道上山去看看。」

白頭李連忙說：「我並無蔑視神明之意，也不是不信，否則我還會來求神啓示麼？只不過你說要帶我去看『金粉灑梧桐』的名穴，所以我們可以明天再去看先父的山墳是否積水。」

可見「金粉灑梧桐」這名堂確夠吸引力，石勇只說過一次，白頭李就能夠記着，而且還堅持先去看這名穴，明天再去看父親的墳前是否積水。

石勇見白頭李這麼說，已經知道第一步他已墮進自己設計的圈套中。他深信由於白頭李對風水的無知，必然看不出任何破綻，因此可以不怕鍾山玉的阻撓。

接着他就實行加速收緊圈套的行動。

信有名穴

石勇對白頭李說：「我們現在應該先馬上到山上去，看看尊翁的墳前是否積水，如果真的如神明所啓示那樣，那麼你就要馬上決定是否加以維修呢，還是遷葬了！」

這下子石勇倒不堅持白頭李要遷葬其父的墓穴，因為他知道如果白頭李到山上去，看到其父墳前果有積水，必然對神明的靈驗更為深信不疑。那麼「綠尺扙屍」的恐怖字句一定會在他的心中發揮作用，那麼他決計不敢不遷葬其父的！

白頭李的反應倒也迅速，他立即說：「那麼，我們甚麼時候去看那『金粉灑梧桐』的名穴呢？」

石勇真的是打鐵趁熱，在加速收緊圈套，不讓白頭李有機會逃脫。他說：「我們也是今天去看。」

白頭李有點好奇，帶點疑問的口吻問石勇道：「今天就去看，你不是說先去看先父的山墳嗎？那麼我們還有時間去看那『金粉灑梧桐』的名穴嗎？」

白頭李這樣一再提到「金粉灑梧桐」，石勇知道白頭李確已深信有這樣的「名穴」了。

石勇故意看一看手上的腕錶，然後對白頭李說：「現在時間還早，我們隨便吃點東西，然後帶點乾糧和水，先到尊翁的山墳去走一趟，看看是否真有積水。然後繼續去另一個山頭，看『金粉灑梧桐』這個名穴，時間應該是夠的，應該可以在太陽下山之前回到村裏來。」

白頭李聽石勇這麼說，倒覺得有問題盡快解決也是好的。不單沒有起疑，而且還覺得石勇這人年紀雖輕，辨事倒也有效率。

神明靈驗？

白頭李的隨從阿昆，一聽到說要去兩個山頭，馬上對白頭李說：「看來我要去多找兩名轎伕一同去，否則的話，我怕原先僱用的兩名轎伕會氣力不繼！」

原來阿昆早已為白頭李預備了登山的小轎，且僱用了兩名轎伕在村口等他。

白頭李聽阿昆那麼說，覺得也是對的，便連連點頭，然後徐徐說：「我們先到附近的小店吃點東西，你去多找兩名轎伕來，然後我們一同到山上去。」阿昆應了一聲，便先行離去。

白頭李與石勇兩人先到附近的小吃店找到位置坐下，點了簡單的麵點，不久阿昆已找到了轎伕回來。

一行人等吃過東西後，便一同到山上去，依石勇的話，先到白頭李父親的山墳去。

由於那是一個小村莊，地方範圍不大，所以由村口到山上去，也不過是半小時的光景，便已到達了山上。

白頭李心急地趕到父親的墓穴所在地去看，俯覽下去，雖然同樣是青草一片，但墳前不遠地方確有下陷的地方積水。

石勇在旁指着下面積水的地方給白頭李看，然後對白頭李說：「李翁，你看神明多靈，連墳前積水這些小事也知道，不由你不信了吧！」

白頭李喃喃自語道：「確是神奇，竟會有這麼靈驗的事。」

至此，白頭李是完全墮入石勇的彀中了。接着石勇對白頭李說：「我們不要浪費時間了，現在就去看『金粉灑梧桐』的名穴。」

掀裙舞袖

話說白頭李與石勇一行人等，下了山後，再轉上另一個山頭，大概走了一小時光景，便到達了山上。

山上植有不少的梧桐樹，白頭李站在那裏端詳了一會，覺得風景也不錯。

白頭李不懂風水，也不懂看山脈的走勢，所以縱使那是「掀裙舞袖」的山，他亦無從分辨，亦不知這種「掀裙舞袖」的山對後人有些甚麼壞效應。

由於那座山是朝西南，所以下午之後，陽光把整個山照得很明亮，亦顯得蒼翠。只是山脈的走勢不佳，「掀裙舞袖」，這就不是一般不懂風水之人會看的。

白頭李站在那裏觀看了一會之後，石勇便在旁對他說：「李翁，這座山就是有名的『金粉灑梧桐了』！」

白頭李帶點好奇的語氣問：「為甚麼叫作『金粉灑梧桐』呢？」

石勇早有準備白頭李會有此一問，當下立即以很熟悉的口吻和很快答白頭李：「這座山上有不少的梧桐樹，你是看見的了吧。」說完指着不遠處的一些樹木給白頭李看，然後接着說：「到將近黃昏的時候，太陽的金光斜照在這山上，整個山就會顯得金黃一片，連梧桐樹的樹葉也有如灑上金粉那樣，所以只有這座山才可以有『金粉灑梧桐』這名穴，其他的山是不可能有的。」

石勇一口氣說到這裏，靜看白頭李的反應。他見白頭李面上露出一絲喜悅的笑容，知道白頭李對這山也有好感，也知道自己的功夫不會白費。隨即白頭李提出一個切身的問題。

即葬即發

白頭李十分關心地問石勇：「不知道這個『金粉灑梧桐』的名穴，是要葬後多久才發的呢？」

白頭李之所以有此一問，是因為他想起鍾山玉當日也曾說過他父親的墓地是有名的風水吉地。可是葬後年餘，不但未見其利，而且運氣亦不好。到再問鍾山玉時，鍾山玉才透露說此名穴要葬後六年才發的。

石勇這個江湖術士，亦可說夠膽之至，他見白頭李這麼問他，便毫不猶豫的說：「這個『金粉灑梧桐』的名穴，當然與『綠尺扙屍』大大不同，這是寅葬卯發的名穴。也就是說即葬即發，不必等待。」

石勇知道要加強白頭李的信心，就一定要斬釘截鐵的肯定那「金粉灑梧桐」的威力。同時他也不忘一再把「玉尺量布」說成是「綠尺扙屍」，使白頭李若不依從他的話遷葬其父，則其心中之刺就無法除去，亦毒計也！

白頭李聽到「金粉灑梧桐」這穴是即葬即發的，心意自然被打動了。

白頭李與石勇一行人等在山上再逗留了片刻，便趁太陽還未下山時離去。大約一小時光景，到黃昏時間，他們已回到村口。就在這個時候，白頭李好像心內已有了決定似的，他客氣輕聲地對石勇說：「今天勞累了先生一整天，心中實在過意不去。」

石勇連忙回應說：「哪裏，哪裏。」

白頭李接着說：「今晚我想請你在家裏晚飯，並奉上薄酬，聊表謝意。除此之外，我當然還有事要請教你。」石勇忙不迭的答應，心中在猜白頭李還有些甚麼疑問！

能旺三代

白頭李與石勇回到家裏，隨即吩咐家人預備飯菜，說要好好招待石勇。

在僕人奉上香茶後，白頭李走入內室片刻，再出來時手上握有一個大紅封，恭敬地遞給石勇，然後說：「這是小小意思，不成敬意。」

石勇也不客氣，只說了一聲謝謝便收了那紅封包。

隨着白頭李再問石勇道：「你說那『金粉灑梧桐』的名穴是即葬即發的，敢問一聲能發多久呢？」白頭李有這一問，也是因為他想起鍾山玉說他父親的墓地「玉尺量布」是「三元不敗」，能旺一百八十年的。

石勇沒料到白頭李會有此一問，便低頭思索了一會，故意掐指推算一番，然後像滿有把握的對白頭李說：「這個『金粉灑梧桐』的名穴，既是即葬即發，亦可旺三代。」

石勇這個江湖術士，到底是層次較低，乃以可旺三代來答白頭李，以為白頭李一定可以得到滿足。

不料白頭李一聽僅可旺三代，那麼豈非比「三元不敗」能旺一百八十年為少。

石勇見白頭李面無笑容，一副嚴肅的樣子。馬上知道白頭李未滿意僅能旺三代，心中便計劃如何應變。

果然白頭李問石勇道：「那麼到了第四代時便怎樣呢？是否會敗退呢？」石勇這個江湖術士也真有一手，他說：「我們村中習慣是以三十年為一代計算，三代就是九十年，旺的時間亦不算短了。」至於第四代如何續旺下去，他教了白頭李一個方法，還說是錦囊。

留下錦囊

石勇對白頭李說：「如果尊翁真是遷葬在這『金粉灑梧桐』的名穴，那麼要他一直代代旺下去都並不困難，但要遵從我的一些辦法。」說到這裏石勇好像在賣一下關子，暗中看白頭李的反應。

果然白頭李急不及待地問：「那麼如何才可以長久旺下去呢？」石勇好整以暇地說：「我會留下一個錦囊給你，讓你傳給子孫，以後凡到九十年就重修那墓一次。那麼就可以一直旺下去了！」

懂玄空學的朋友都應知道二十年一運，通常墓地之重修，大多是看該墓是否已退氣而定。而每九十年重修一次，自然是石勇這個江湖術士自己發明的。

白頭李當然不知道風水的玄機。但他聽到石勇說只要每九十年重修一次就可直旺下去，覺得這並不難辦到。白頭李心裏滿意，面上便也露出一絲的笑容。

石勇一切都看在眼裏，知道白頭李已心動。果然，白頭李接着便說：「既是這樣，那麼就有勞你擇個良辰吉日定穴開線，再擇個良辰吉日遷葬先父。」

石勇月來多番奔走設計各項圈套，至此果然給他達到目的！心中在暗喜白頭李中計，但他卻對白頭李說：「令尊能得此名穴，既是福人葬福地，也是你家族之福。」

就在這個時候，僕人對白頭李說飯菜已預備好了。白頭李就邀石勇入席。

坐下不久，白頭李的三位太太也隨着出現，梅、蘭、菊並排而坐。白頭李介紹過後，石勇看出阿菊心事重重。

決定遷葬

席間石勇作狀掐指推算，然後對白頭李說：「明日是好日子！我先到山上去定穴開線。」石勇頓了一頓，接着說：「今天是星期一，星期四是甲子日，未時天乙貴人吉。我就選那天遷葬尊翁，你認為如何？」

果真是打鐵趁熱，白頭李想了一想，隨着下定決心的說：「好吧，既然你認為那天是好日子，就照你的意思去做吧！」

阿菊坐在那裏只顧吃飯，完全沒有說話。

她心中在想為何白頭李會突然這麼信任這個石勇。凝想間一個不小心，手持的筷子跌了一枝落在地上，鏗然有聲。阿菊俯身去拾筷子時，石勇不知是有意討好阿菊還是甚麼，竟然高聲地說：「筷子快子，筷子落地，連生貴子。」

雖然石勇心中，這是善頌善禱式的說話。但白頭李的表情有點愕然，可能喚醒了他，告訴他還未有兒子承繼香燈。至於阿菊，這番話更好像提醒了她，不但要生貴子，而且還要快！

這頓飯吃下來，石勇、白頭李、阿菊都各有不同的心態。石勇則認為這筆財是發定了的，而白頭李則在想，如果短期阿菊仍無所出，則快點去討個「阿竹」回來，不但湊齊「梅蘭菊竹」，也希望藉此早點得一麟兒。至於阿菊，則在想不管甚麼辦法，都要替白頭李生一個兒子，以便實現自己嫁給白頭李前所定下的目標。

飯後石勇告辭。一宿無話，翌日一早石勇便帶同幾名工人到山上去定穴開線，不料卻發生了連串意外。

開得黑穴

由於石勇對玄空學的認識極為膚淺，加上過於相信神煞和擇日偷修等。因此對犯五黃和二黑、三煞都不甚畏懼。在玄空學的高手看來，正是不知天高地厚。而最禍己禍人者，即為此等人物也！石勇那天帶同了幾名工人到了山上，到了他誑白頭李說是「金粉灑梧桐」的地方，打開羅經看看，他就選擇了坐丑向未開線，以為是「到山到向」，但忽略了左面離方（南）山勢「掀裙舞袖」，飛星四七同到，向星則是二五。

「掀裙舞袖」的山一般是不取的，因為玄空學家認為這樣的巒頭，帶點動態，最易出「蕩婦淫娃」。加上飛星四七，是為「辰酉兮閨闈不睦」。妯娌不和，再遇到這樣的巒頭，女方易有異心，本來就是無一可取！

石勇為了在白頭李身上發點財，加上他本人的無知，就貿然選取這山來遷葬白頭李的父親，自然會害得白頭李極慘。

而天機之事，有時極為明顯，有時則極為隱晦，這是十分奇怪之事。

那天早上，石勇下令幾名工人開穴後，卻發現穴內泥土似帶有黑油似的，油黏性極重。

他命令工人再掘深一點，則更似發掘一個油漿穴。充滿黑油似的泥土，發出閃閃黑色的光。這樣子的穴，當然不能安葬棺木。石勇搔搔頭，不知如何是好，又怕工人心中在笑他功力不夠！

他知道這樣的穴絕對不能讓白頭李看見，終於他命令工人重新用泥土和草鋪平該穴，到不遠處再開羅經，再開新穴，結果更使石勇和工人瞠目結舌！

再開蟻穴

石勇帶領工人走到不遠處，開羅經定線，還取坐丑向未（按：即坐東北向西南）。工人掘開了泥土後，約僅一尺深，卻發現是蟻巢的所在。群蟻空巢而出，嚇得石勇與工人瞠目結舌。眾人急急走避，其中有兩名工人的褲管已有蟻爬上，狼狽地用手撥褲管，撥走爬在褲上的蟻。

再一次的挫敗，使石勇在眾工人面前感到面目無光。

石勇硬着頭皮再帶工人到較遠之處再開線。這次他學乖了，他先俯身用手撥開些少泥土來看看。再拔起一些長草，看草根黏着的泥土是甚麼顏色，再多拔幾根草，看是否有蟻，認為安全了，這才叫工人在那裏掘地。

工人大約掘了半小時，已掘出一個約七尺長，五尺深的穴。石勇只顧看泥土的顏色和看是否有蟻，已忘記再測量一下該穴的線位是否準確，便滿意地對工人說大功告成，可以收工。

眾人一同下山，石勇對第一次掘到一個黑穴、第二次掘到蟻穴，心中仍然惴惴不安。一個不小心踢着了一塊嶙峋的石頭，整個人失掉了平衡，倒栽葱式地跌在地上，痛得石勇在大叫。

眾工人急忙地把石勇扶起來，但石勇面色轉青，滿頭是汗在雪雪呼痛。有經驗的工人知道他肯定是跌斷手骨或脫骹。

其中一名身材健碩的工人急急地把石勇背起，一行人等急步向山下走去。

石勇痛得死去活來，不久到了村口附近一位跌打醫生處。醫生替他驗傷後，嘖嘖稱奇！

跌傷地師

跌打醫生替石勇驗傷，發現他的手肘骨斷裂，但外皮卻一點擦傷或瘀的跡象都沒有，醫生嘖嘖稱奇！

跌打醫生替石勇續骨療傷時，石勇又再痛得死去活來。最後醫生替他敷上跌打藥，再用繃帶把斷骨處紮好。

石勇當夜回到家裏，可能由於手肘痛楚，輾轉難眠。想到日間替白頭李父親開穴時遇到連串意外，有點不寒而慄。

翌日一早，與石勇合謀行騙白頭李的乩手阿祥，知道了石勇昨日不慎跌傷，特地來看他。兩人細語了片刻，終於聽見石勇對阿祥說：「幸好我分日來進行遷葬之事。否則白頭李親眼見到這些情形，他可能會改變初衷！」其實是石勇本人深知自己功力有限，就是怕開穴時遇到意外，如開出穴內有水等。故才對白頭李說先開穴，然後擇日遷葬。

阿祥離去不久，白頭李也聽到石勇跌傷之事，與隨從阿昆一同來探望石勇，還問石勇傷勢如何。

石勇乘機吹牛，說所開之穴如何好風水。只是沒有提到連開兩穴所遇到的挫敗。白頭李連連點頭，隨着問石勇的傷勢是否無礙於他在週四甲子日替其父遷葬。本來石勇如果乖巧的話，遇到連續兩次的挫敗和跌傷，應知難而退。但他就是財迷心竅，覺得不能功虧一簣，便對白頭李說：「不礙事的，我們依期進行就是了。」白頭李表示謝意後離去。

到了週四早上，不料遇到滂沱大雨。

連場大雨

石勇望望窗外，見天上漆黑一片。雖然時間是早上，但卻像是晚間那樣，他知道這場雨不會一下子就過去。

他心中在嘀咕，怎麼上天好像故意在為難他那樣！看來今天遷移白頭李父親墓地之事，不得不改期了。

石勇只是一名江湖術士，在術數層次上甚低，所以他根本不知道堪輿高手，是兼習六壬數的。高手在擇日之時，許多時會起一課六壬數，看那天是否有雨，如果有雨就再另擇日行之，而六壬數在占風雨上是頗有一手。

石勇因為還未到這層次，亦不懂六壬數，所以才會選擇自己認為是好日子、黃道吉日的當天，卻偏偏風雨交加！

話分兩頭，白頭李那天早上起來，見到風雨交加，亦心知遷葬父親之事必須改期。那天晚上剛好他睡在阿菊那裏，早上起來之時，見到外邊雨勢頗大，面有不悅之色。

阿菊看在眼裏，猜到他是為遷葬父親之事遇到障礙而懊惱。

阿菊對石勇本來就無好感，她問白頭李道：「今天的日子是石勇選的乎？」

白頭李只點點頭，沒有答話。

阿菊試探式的再問白頭李道：「你很信石勇的功力，是嗎？」

白頭李輕嘆一口氣說出了真心話。

白頭李說：「我由始至終也不很信石勇，我的第六感告訴我，他並不是一個很可靠的人。我決定遷葬父親，並非信石勇之言，是信神明的指示也！」白頭李說到這裏，心裏有了一項新決定。

神明矛盾？

白頭李對阿菊説了是信神明的指示後，心裏忽然覺得，既是神明指示，為甚麼卻會遇到天雨的阻礙？應該是順利遷葬才對。

這時候，白頭李有了一個新決定，就是找石勇來讓他解釋一下，為甚麼有神明的指示也會有天雨的阻攔？如果他的解釋合理的話，就再多給他一個機會，再行擇日。萬一到時又遇到天雨，那麼明顯是天意暗示不可遷葬，鍾山玉的話可能是對的。只是他怎麼也想不到石勇串同乩手阿祥來騙他。

白頭李主意既定，到中午天雨稍歇時，便命阿昆持傘冒雨去把石勇找來。

石勇在家裏正為天雨而煩惱時，見阿昆持傘冒雨來找他，已猜到白頭李派人來找他是為了甚麼事，心中便計劃如何解釋。

大約過了一小時光景，白頭李坐在客廳裏等阿昆回來。不一刻，果然見到阿昆帶同石勇回來。石勇似是胸有成竹的，坐下後也不等白頭李開腔，便先搶着説：「金粉灑梧桐這名穴，確是與眾不同，是留以有待的寶地。」

白頭李不明白石勇為何這麼說，有點不客氣地問石勇道：「名穴不名穴且不要說，你先解釋一下，為甚麼有神明的指示，到遷葬之日卻遇到天雨？那不是神明的自相矛盾嗎？」

石勇也猜到有此一問，亦早有準備，便不慌不忙地對白頭李說：「一般的寶地，都是留給有福之人的。尊翁有福，能得此地及福蔭後人，亦生平積德所致。只是我們忘記了做一些應做的手續，以致有此天雨。」

白頭李忙問忘記了做些甚麼手續。

要拜山神

石勇這個江湖術士，也真有他的一手。

他十分鎮定地對白頭李說：「一般的風水吉地，都必是留以有待。所以，在使用之前，必先拜一下山神，誠心稟告。而我們這次準備遷葬尊翁至此名山，就是忽略了這重手續！」

石勇說得煞有介事，使得白頭李也相信確有此手續，隨即便問石勇那麼應該甚麼時候補拜山神。

至此，石勇可說聰明地跳過一度難關，因為石勇亦知自己無把握立即再擇一個肯定是晴天的日子來遷葬白頭李的父親。但若先拜山神，那麼自然可以等到晴天時去拜，隨着再選接着而來的一兩天遷葬，自然有把握得多。

白頭李既不知這是石勇之計，亦不知道他曾經連開兩穴都遇到障礙，便讓石勇繼續進行遷葬之事。

話說過了幾天，天氣轉晴了，石勇乘機向白頭李收了一筆費用，說是用來拜山神的，然後選定翌日遷葬白頭李的父親。

石勇對白頭李說，拜山神時他不必出席，由他代表稟告山神即可。

白頭李也覺得翌日要出席遷葬儀式，如果連續兩天上山去，會是很累，結果同意由石勇代表他拜山神和向山神稟告等。

石勇之計又再一次得逞，因為他可藉拜山神的機會，順便帶同工人到山上去，目的是去除穴內積水。因為他知道連日有雨後，日前所開之穴無論如何都會有水無法排去的。

白頭李遷葬父親之事，終於在連番周折後完成。但隨着而來的歲月，白頭李禍事頻仍，驚心動魄。

跌入魚塘

在白頭李遷葬父親後不足一個月，一天晚上他帶同阿昆到鄰村一位遠房親戚家裏喝喜酒。回程時走到一個魚塘附近，白頭李在黑暗中不知如何突然滑倒，竟然直滑到魚塘裏去，幸好阿昆奮不顧身跳入魚塘去把他救起來。但白頭李已嚇得面無人色，全身濕透急急趕回家去！

白頭李自經此一嚇之後，以後健康便日漸惡劣，多病及常做噩夢。

有一次，白頭李卧病在牀，醫生診治後開方離去，阿菊拿着藥方準備吩咐下人去照單執藥。不料到廚房裏時，見到幾名下人圍攏着說話，阿菊依稀聽到有人說老爺快要娶第四房姨太太了。接着又聽見有人說，老爺身體不好，要趕快沖喜。

幾名下人見到阿菊入來，馬上各自做自己工作，默不作聲。阿菊吩咐其中一名僕人到外邊去買藥後，便逕自回睡房去。

阿菊躺在牀上，左右思量，心想如果短期內還不能懷孕，那麼到白頭李討了第四房姨太太回來時，機會便會更微！

阿菊接着一連幾天暗中打聽，知道了白頭李果然準備短期內娶一名年僅十八歲的孤女回來作第四房姨太太，也就是日後的「阿竹」。

阿菊自幼個性倔強，要得到的東西必定想盡辦法去得到，但生孩子的事卻不是說要便有的。

徬徨中，阿菊明白到如果不能替白頭李生一名孩子，那麼自己作白頭李姨太太便是白作了，也無法達到預定的目標。

無奈中，阿菊忽然想到一個人，或許可替她解決疑難。

算命問子息

阿菊是信命運的，她想到不妨找石勇算命，看一下自己命中是否有子及何時有子。

她忽然想起石勇這人，亦因為日前石勇為白頭李留在家裏晚飯，石勇見到她跌了筷子時，竟高聲説「連生貴子」等語。

世事就是這麼奇怪，阿菊與白頭李對石勇本來都無好感，卻偏偏都先後上石勇的當！

阿菊主意既定，翌日早上吃過飯後，便換過衣服直接去找石勇。

石勇尚未結婚，父母都已去世，單獨一個人住在一間石屋裏。他把石屋分作兩部份，前面設有神壇，他就坐在神壇前面替人算命占卦等；後面一部份就是他生活起居的地方，睡房也是設在那裏。

阿菊走到石勇的石屋門前輕敲了幾下，開門的正是石勇，他見到阿菊突然來找他，也感到有些愕然。

石勇滿面笑容的迎阿菊入內，並示意她坐在神壇前面的一張木桌前，倒了杯熱茶給她，隨着自己就坐在阿菊對面。

還是石勇先開腔，客氣地說：「李夫人今日駕臨，不知有何吩咐？」

阿菊也不兜圈，直接了當地對石勇說：「我此來是想你替我算一次命。」至於為甚麼來算命，卻沒有說出來，但石勇已猜到了幾分。

在小村莊裏算命謀生，本來就是最易。因為地方小，雞犬相聞，各人生活如何，有無父母兄弟姊妹，不必打聽都已知大概，與在大城市裏算命謀生大大不同。

阿菊報上出生年月日時後，石勇在開始推算，並不斷在皺眉。

再設陷阱

石勇在術數上，無論風水及算命，層次都甚低。他替阿菊起列了四柱八字後頻頻皺眉，不斷思索。

不一刻，他似是有了答案的對阿菊說：「你的命格看來亦不錯，出身於貧苦家庭，父母雙全，有弟二人，不久前才出閣，但生就偏房之命，中年之後可許富貴。」

阿菊頻頻點頭。其實石勇所算都是已知的。而阿菊以為自己命格確是如此，聽說中年後可許富貴便已開心了。

接着石勇再說一些阿菊過往的事。

其實這是村中很多人都知道的，石勇亦是從耳語傳聞中得知。只是阿菊不知道，便以為石勇確也有一點功夫！

說了半天，石勇就是沒有提阿菊是否有子。

到後來，還是阿菊心急地問石勇道：「你算我過去的事可說頗為準確，但我有一點十分想知道的事，便是我是否有子及何時有子？」

石勇在阿菊進來之前，亦早已猜到幾分，猜到阿菊會問子息之事。

石勇作狀很努力地去看桌上所書的四柱八字，皺眉苦思一番後然後對阿菊說：「你的八字是富貴可求，但子息薄弱……」

石勇還未說完，阿菊已急不及待地問：「那麼到底是有還是沒有呢？」

這下子石勇似有突然而來的勇氣，斬釘截鐵地對阿菊說：「照正常情形來看，是沒有子息之命。但若有祖宗積德和得到神靈之恩眷，那又是另一回事。」

阿菊當然不知道石勇這番話另有目的，結果又落入石勇彀中！

呃神騙鬼

石勇是個膽大包天，甚麼事都敢做的人，包括呃神騙鬼之事在內！

而阿菊雖然聰明，但畢竟教育程度低而且迷信，所以才很容易便中了石勇的詭計。

阿菊聽石勇說自己沒有子息，已冷了一截。

但接着石勇說若有祖宗之積德及得到神靈之恩眷，又會是另一回事。她又覺得還有一線的希望。

接着阿菊便問石勇道：「祖宗是否有積德我不知道，但我想知道如何才可以得到神靈的恩眷？」

石勇望着阿菊，打量着阿菊的身段。

心中想這個漂亮的姑娘，竟然甘心作白髮老翁的妾侍，而且更希望生子，還不是錢在作怪。

想到這裏，石勇這個無賴，竟然興起打阿菊主意的念頭。

石勇一本正經和十分嚴肅地指着背後神壇對阿菊說：「我這個神壇上的神是很靈的。如果你喝了他的神茶，到後面的一張龍牀去睡，很快就可以睡着，到你醒來時，你會覺得身體有點異樣，隨着不久你就會有孕的了。」

石勇這番話，阿菊可能求子心切，竟然信以為真，隨即問石勇可否代安排一切。

石勇知道阿菊中計了，也不心急。示意阿菊站起來，帶她到神壇後面房間去。

房裏有一張酸枝牀，石勇對她說：「這就是龍牀了，我給了神茶你喝後我會離去，這屋子就只有你一個人，你在這龍牀上睡，很快會睡着的，醒來後你自己回去就是了。」

阿菊點點頭，不知道自己正跌入陷阱中！

求神賜子

石勇再帶阿菊回到神壇前，教阿菊下跪及閉目禱告，把希望得到的東西告知神靈。

隨着石勇背着阿菊在打開一包粉末似的東西，輕輕的倒入神枱前的一杯茶裏。

阿菊禱告完畢後站起來，石勇便把那杯茶遞給阿菊，説是神茶要阿菊一口氣喝光它。

阿菊不虞有詐，果然依言把那杯茶一口氣喝乾。

石勇這時知道眼前這位漂亮的阿菊已可手到擒來，為了表示自己的無私，石勇對阿菊説：「我現在有事要離開這裏，你到房間裏的龍牀去睡一會，醒來後也不必等我回來，你逕自回家去便可。」

石勇頓了一頓，接着好像有點不放心地説：「有關求神賜子的事，你最好不要對任何人説，因為求神靈庇祐之事是愈保密就效果愈好的！」

阿菊點點頭表示明白，石勇便開門出去。這時阿菊忽然覺得天旋地轉，馬上跌跌撞撞的趕入房間裏去，倒臥在那張石勇說是龍牀的酸枝牀上。

不一刻阿菊便睡着了。朦朧中阿菊覺得好像有人伏在她身上有所動作。過了大約一小時光景，阿菊悠然醒來，覺得下體好像有點異樣的感覺。四顧室內無人，阿菊輕撫一下自己下體，回想起朦朧中情景，不禁有點臉紅。

到底她是個教育程度低和迷信的人，不但沒有懷疑石勇搗的鬼，還以為是石勇幫助她獲得神明的恩眷。

阿菊整理一下衣襟，用手撥弄一下頭髮便開門離去。走不多遠，阿菊回頭一望，卻發現了些奇怪的事。

煞氣逞兇

阿菊回望石勇的石屋，好像有人影在移動。心裏奇怪，自己離去時，明明屋子裏是沒有任何人的。如果說是石勇剛巧回去，那也應碰個正着，因為到石勇的屋裏，就只有這條路。難道剛才石勇只不過到了隔壁的鄰屋去？這下子卻給阿菊猜中了。

阿菊回到家裏，躺在牀上在想，如果真的得到神靈的幫助，及時生得一名兒子，那麼白頭李的家財就是自己了。心想這目標達到後，就要好好酬謝神恩。

轉眼過了一個月，阿菊的身子毫無變化，完全無懷孕的跡象，阿菊自己在奇怪，為甚麼曾經睡過龍牀，都竟無效應！

再過一個月，白頭李已討了第四房姨太太，真的是湊齊了「梅、蘭、菊、竹」。至此，阿菊感覺要為白頭李生孩子的希望是更微和渺茫了。

這時大約是在白頭李遷葬父親後的三個多月，遷葬時所犯五黃之煞氣至此出現和逞兇。一天晚上，多名外來土匪持槍直闖白頭李家。土匪自恃擁有強力武器，喚醒屋內各人，趕到一隅，要他們全部伏在地上。

白頭李這天晚上剛好睡在阿菊的房間，土匪直闖而入，喝醒白頭李，阿菊一時間被嚇得目瞪口呆，土匪要白頭李說出錢和黃金放在何處，白頭李就是不說。土匪先到屋裏各處搜掠，把一些值錢的古董放在攜來的布囊裏，再掠去各人身上佩戴的金器，「梅、蘭、菊、竹」四人的私有財物無一幸免。

到最後，一個看似頭子的土匪，用槍指着白頭李的腦袋。

土匪奪命

數名土匪包圍着白頭李。並對他拳打腳踢，要他說出錢和黃金放在哪裏。

白頭李這人自小嬌生慣養，從未給人這樣毒打過，更未被人用槍威嚇過。白頭李在顫慄中，汗大如豆。他下意識伸手到衫袋裏去準備掏手絹出來抹汗，持槍的匪徒不知是誤以為他反抗還是手槍走火，轟的一聲子彈直向白頭李胸膛射去，當堂血如泉湧，隨即白頭李便倒卧血泊裏，奄奄一息。阿菊在一旁已嚇呆了！

眾土匪逞兇後，再向天連開幾槍示威，然後呼嘯而走。

土匪走後，「梅、蘭、菊、竹」及眾家人一同搶救白頭李，並派人馬上夤夜趕去找大夫來。

結果，大夫還未來到，白頭李已一命嗚呼了！

此事翌日轟動了整個村莊，鍾山玉聽到了這消息，只不斷在搖頭嘆息。治安當局事後亦說要緝兇，但土匪是外來的，一時間亦找不到線索。

白頭李死後，因無兒子，「梅、蘭、菊、竹」與各房兄弟便開始爭遺產。對白頭李的喪事只是草草了結，草草下葬在附近山頭，亦沒有請鍾山玉或石勇看風水。主因除了沒有人能

燃犀而知錄

拿定主意該請誰看風水之外，爭遺產者亦想省回一筆錢。

轉眼過了數月，爭產之事仍然僵持不下，「掀裙舞袖」的效應又開始出現，首先是阿蘭與人私通，接着阿竹亦有新歡，都是暗中來往。

至於阿菊，則對白頭李的遺產念念不忘，表現出若不到手決不罷休的姿態。阿菊很想知道自己是否真能得到遺產，竟又想到去找石勇。

爭奪遺產

阿菊當日之肯作白頭李之第三房姨太太，不外是覬覦白頭李的產業，希望能為他產下麟兒，白頭李的產業就等於是自己的產業。

不料嫁給了白頭李後，肚子一直不爭氣，求神賜子又失敗。到現在白頭李更死於土匪槍下，使到阿菊既彷徨又失望。

各路人馬爭奪僵持不下之時，阿菊很想知道是否可以分一杯羹。因此她想到何不找石勇占一卦，看到底錢財是否有機會到手及何時可以到手。

那天阿菊穿着得十分樸素，到了石勇居住的小屋，輕敲幾下門，開門的正是石勇。石勇見到阿菊來找他，也表示得有些愕然。隨即鎮定地微笑迎阿菊入內。

阿菊坐定後，發現石勇似曾在屋內收拾東西，心裏納悶，難道石勇準備搬家？

石勇倒了杯熱茶給阿菊，然後坐在阿菊對面，等待阿菊說話。

阿菊拿起茶杯，輕呷一口茶後。便單刀直入地對石勇說：「我丈夫去世後，各房人等在爭家產之事，相信你也會略有所聞吧。」

石勇點點頭表示知道此事。阿菊繼續說：「我嫁入李家至今還不夠一年，想不到那麼快便守寡！我上有父母在堂，下有兩名弟弟要照顧，所以很想知道這次爭產行動中，我是否可分到一點遺產，使我日後生活不致彷徨。而今次我找你，就是希望你替我卜一卦，以決休咎。」阿菊個性雖倔強，但說至此也不免眼圈紅了。

不料石勇說：「不必占了，縱使所有李翁的遺產歸你所有，不但對你毫無幫助，而且還可能牽累你。」阿菊聞言大惑不解。

局勢有變

石勇再對阿菊說：「我念在……」這話剛說出口，馬上吞回了，發覺不應這樣說。這下子使到阿菊更為莫名其妙，瞪着眼在等石勇解釋。等了好一會，石勇終於說：「我日前得到消息，知道共軍已勢如破竹，指日可到我們這個小村莊。也就是說這村莊不久便要解放了！」阿菊只聽過國共內戰之事，但對近期發展如何卻不大了了。對於解放後情況將會怎樣亦不很清楚，只聽說共產黨會把田地分給窮人。

阿菊覺得石勇消息似很靈通，當下便問石勇道：「這裏解放了又如何？對我們有甚麼影響？」

石勇站起來對阿菊說：「如果你身無長物，那麼共產黨來到，對你當然不會有甚麼影響。如果你擁有很多田地的話，那麼你就是地主，一旦給佃農指控你為富不仁的話，你就很可能被清算。」說到這裏，石勇在室內低頭踱步，似有所思，隨即又對阿菊說：「如果李翁不是去世了的話，他有那麼多田地，又有一妻三妾，又借錢給人收取利息，共產黨來到的話，他就極可能被清算。」阿菊點點頭，覺得石勇說得也有點道理。

接着石勇又說：「所以我說，縱使你得到李翁所有的遺產，亦未必是福，更可能牽累你。」

至此阿菊完全明白過來，只是覺得自己實在命苦，眼看可能有機會獲得一些遺產，使自己下半生生活好過點，卻又遇到時勢改變。

石勇隨着對阿菊說：「本來你不來找我，我也打算去找你的，因為我有些事情要告訴你。」

阿菊奇怪石勇何以忽然好像很關心自己的樣子。

怕被清算

石勇對阿菊說：「我已準備收拾東西離開這裏，趁現在戶籍控制並不嚴厲，改名換姓到廣州去投靠我的表哥。」

阿菊見石勇這麼說，便問石勇道：「你也是地主怕被清算嗎？」

石勇再坐下，望着阿菊說：「我並不是甚麼大地主怕被清算。只是我們這行業，很易被指為導人迷信，被打為牛鬼蛇神那倒不是好玩的。所以我決定離開這裏，此後隱姓埋名，改名換姓到別個地方去生活。」

石勇一口氣說到這裏，阿菊奇怪石勇為甚麼對自己那麼坦白，正狐疑間，石勇又說：「我準備去找你，是想把我在廣州的地址告訴你，萬一你在這裏也不如意的話，你不妨到廣州來找我，也許是另一條……」

石勇考慮了一會，然後說：「也許是另一條生路，也許對你有助！」

阿菊以前對石勇並無甚麼好感，只是迷信神靈才一再找他。

但現聽石勇這麼說，又覺得石勇頗為關心自己，當然阿菊是完全不知道石勇為甚麼會這樣關心她。

石勇在桌上拿起紙筆，很快就寫了他將到廣州的地址，然後遞給阿菊。

阿菊接過字條，略一看看便放入衣袋裏，然後站起來對石勇說：「看來時間不早，我要回去了。雖然未有占卦，還是謝謝你。」說罷便逕自開門準備離去。

石勇也站起來送阿菊，阿菊出了門口後，石勇對阿菊揮手說：「後會有期。」

阿菊回頭望一下石勇，心血來潮，覺得與石勇似有些事情未曾了斷！

新的憧憬

阿菊是完全憑自己的第六感覺，覺得與石勇真的會是「後會有期」的，而且覺得有些事情還未了斷，只是目前不知是甚麼事而已！

石勇在阿菊走後，果真收拾細軟，逃去廣州改名換姓投靠表哥。

而這個小村莊，亦真的在石勇走後不久便解放了。

白頭李的田地都被充公，而留守在李家的，也只有白頭李的元配夫人阿梅。阿蘭與阿竹因早已有新歡，也都改嫁了。

至於阿菊則返回娘家居住，一切打回原形。阿菊的父親阿富則更無辜，本來是貧農的他，因阿菊嫁給白頭李作妾獲得了兩畝地，還未有好好耕種卻變成了地主，改變了階級成份，只差沒有被清算而已！

時光荏苒，轉眼過了數年，農村的生活愈來愈艱苦，漸漸開始有人逃亡去香港。而消息傳來，有人逃去香港後，因緣際會已經撈得很不錯。

阿菊是個不甘食貧的人，自小即夢想發達和過舒適的生活，她當年肯作白頭李的第三房姨太太，目的不外如此。只可惜好夢不長，轉眼成空，到頭來打回原形一無所有。

一天晚上，時值暑天，飯後阿菊陪着父親阿富到鄰屋瓜棚下與幾位鄉人閒聊。從鄉人的談話中，阿菊知道同村有一名女子叫阿玉，逃亡到香港後生活很不錯。再聽到鄉人說阿玉是闖關先到廣州再逃去香港，當然難免經過艱苦的翻山越嶺。

阿菊聽到「廣州」兩字，心中一凜，卻立即有了新的憧憬。

攜手闖關

阿菊當夜回到家裏，躺在牀上左思右想，覺得如果繼續留在鄉間過目前的生活，那肯定是窮一輩子的了！她又想到鄉人說阿玉逃亡往香港後，生活得很不錯，自忖自己各方面條件都不比阿玉差，阿玉能適應香港的生活，自己為甚麼不可以？想到這裏，阿菊忽然想到，到廣州去找石勇，或者對自己想逃往香港這事情有幫助。

這天晚上阿菊有了新的憧憬，反而輾轉反側一夜無眠。翌日早上，阿菊找到了石勇當日給他的字條，上面有石勇在廣州的地址。

阿菊知道自己想逃往香港的計劃，絕對不能讓父母知道，否則他們必會反對或甚至想辦法攔阻，所以只有暗中策劃一途。她知道要來日得享富貴，必須有破釜沉舟之志！

轉眼過了一月，天氣仍然炎熱，阿菊果然給她找到辦法去到廣州。

阿菊在廣州人生路不熟，很自然地想到去找石勇。阿菊依着石勇當日給她地址，到了廣州近郊，在一間破舊的房子裏找到了石勇。

石勇見到阿菊突然來找她，也有點愕然。當夜兩人燈下對話，少不免互相試探對方。石勇試探阿菊來找他的原因；而阿菊則試探石勇的近況，最重要的是想知道石勇是否會反對逃亡。

結果，不知是否命運的安排，這晚兩人談得十分投機，很快消除了顧忌，大家把自己想要做的事說了出來。正是無巧不成話，原來石勇亦有計劃逃亡去香港，而且策劃了一段時間。

兩人至此，變成志同道合，準備攜手闖關，實非始料所及！

計劃逃亡

石勇對阿菊說，他對逃港的路線亦早經研究過。而且知道近期有不少人經梧桐山而成功逃到香港。

阿菊對這些可說全無認識，所以完全沒有加任何意見，只有聽石勇說話和點頭而已！

石勇最後更詳細地對阿菊說，他有一名遠房親戚住在橫崗附近，位於梧桐山的山腳，他對阿菊說：「我們先設法到達那裏，然後伺機登上梧桐山，翻過梧桐山另一邊，就可望見香港的西貢區。」

說到這裏石勇問阿菊道：「你懂得游泳吧？」阿菊點點頭，但隨即表示自己的泳術並不很精，短距離還可應付。

石勇點點頭，接着對阿菊說：「我們決定逃走前，你不妨多點去練習游泳，這是十分重要的。而且近期這裏很多人都有習泳的興趣，所以不會引致他人懷疑的，畢竟游泳是運動嘛！」

阿菊覺得石勇說得很有道理，也知道這次逃亡要能成功逃到香港，善於游泳將會帶來很大的助力。

最後石勇問阿菊在廣州可有熟人或親戚，阿菊只在搖頭。

結果石勇對阿菊說：「這樣吧，你可暫時住在這裏，地方雖小和破舊點，將就點就沒問題了。」

阿菊連忙表示謝意，隨着石勇又問阿菊在香港可有親戚或朋友。阿菊低頭想了一會，然後對石勇說：「我有一個表姐嫁到香港多年，但近年因無通訊，不知道她是否仍然在香港和她的地址是否有變。」

不料石勇甚有把握地說：「你有沒有親戚在香港都不重要，我有辦法。」

授以利刀

阿菊正想知道石勇有甚麼辦法時，石勇接着說：「目前我們這個地方，正在宣揚破除迷信，所以不可能以占卜算命和風水等謀生。但在香港則不同，我知道有同業在那裏撈得很不錯。」

阿菊奇怪石勇為甚麼會對她說這番話，便有點不耐煩地對石勇說：「你到了香港以甚麼為生與我有甚麼關係？」

不料石勇說：「有關係之至，如果你到了香港找不到親戚的話，可以與我一同……」說到這裏石勇又把要說的話吞回去，頓了一頓然後說：「你可以到我辦公的地方做事。」

阿菊帶點奇怪的心情問：「我能替你辦甚麼事，我是甚麼都不懂的。」石勇這才慢條斯理的對阿菊說：「在香港以占卜算命等為業的，據說生意都很好，客人很多時要先預約時間。那麼你就可以做我的助手，為我聽電話及記下所有預約客人的名字和時間等。」

這時阿菊才知道石勇說有辦法原來是這樣的辦法。

阿菊一直不知道石勇為甚麼對自己那麼好、那麼照顧自己。對石勇漸有好印象。轉眼又過了半個月，阿菊真的天天去練習游泳，準備練好身手去闖關。直到一天晚上，石勇交給阿菊一把鋒利的彈簧刀，並說此刀得來不易，要阿菊好好收藏起來。

阿菊正奇怪石勇為甚麼無故給她一柄利刀時，石勇說：「時機成熟了，我們快要出發。

這柄刀是給你登山時用的，披荊斬棘，此刀不能少也。」

阿菊接過彈簧刀，心裏似感受到有不尋常的事要發生！

攀山越嶺

阿菊輕按一下刀柄上的按鈕，刀鋒立即飛彈而出，在燈光下閃閃生光。阿菊摸一下刀鋒，已覺其鋒利無比，不禁輕伸一下舌頭。

再過幾天，石勇真的帶同阿菊出發了。石勇這人亦算神通廣大，沿途打點周到，才兩天時間便到了橫崗。時屆黃昏，石勇對阿菊說：「你今晚要好好地睡一覺，養足精力，明晨我們就要攀登梧桐山，打鐵趁熱，不能浪費時間。」

阿菊點點頭，石勇便帶她到一間破屋前，輕推開門，只見一位老婆婆聚精會神在縫補衣服。石勇與阿菊輕步走到她面前蹲下，她才見到石勇，便露出了笑容。石勇對阿菊說：「這是我的姨婆，七十歲了，健康還過得去，只是耳朵聾了。你說甚麼她都聽不見！」

姨婆見到阿菊，上下打量一下，微笑站起來拉着石勇向廚房走去。

不一刻，只見石勇捧着碗筷出來，對阿菊說：「姨婆細心，她猜我們這時間來到，肯定還未吃過東西。所以她在燒飯，待一會我們吃過飯後就馬上睡覺。」

阿菊點點頭，心中已猜到石勇在較早前已經與姨婆聯絡好。否則的話，姨婆見到石勇，沒理由一點驚奇的表情都沒有。

一宿無話，翌晨一早醒來，石勇與阿菊便每人肩上掛一個小包袱，向姨婆告辭後便直向梧桐山方向走去。

大概到了中午時分，石勇與阿菊已在梧桐山上走了好一段路，可能是太疲倦的關係，石勇一個不小心踏了個空摔倒在地上，觸及手肘舊患，在雪雪呼痛。就在這時間，兩名彪形大漢急步衝上山來。

過客搖頭

阿菊不知道衝上山來的兩名大漢是甚麼來頭，心裏有點驚慌。還是石勇夠鎮定，他悄聲對阿菊說：「這山上本來人跡罕至，但近日被人發現了是偷渡去香港的最佳途徑，所以肯定會經常有人走過。但不必怕，他們也跟我們一樣，抱着同一個目標，希望到香港去闖一闖。」

阿菊聽石勇這麼説，心頭大石才放下來。這時兩名彪形大漢已走到他們跟前，其中一名大漢目不轉睛地看着阿菊，在她身上打量一遍，隨即搖頭走開，繼續向山上走去。

阿菊見那大漢打量她一番後便搖頭離去，心裏覺得奇怪，也不明白那大漢為甚麼搖頭！

石勇這時背靠着一棵大樹坐在地上喘氣，阿菊問他：「你的手肘還痛嗎？」

石勇撫撫手肘答道：「一點點，看來不礙事的。」

阿菊隨着坐在石勇身旁，等他休息過後繼續走路。

忽然阿菊想起石勇是懂占卦算命，並以之為業的，便問石勇道：「我們此行你有占算過吉凶嗎？」

石勇答道：「有，不過我們既抱着破釜沉舟的心態，也就不管它是吉是凶也要進行的了。」

阿菊點點頭，隨即又問：「你是會看相的，對嗎？」

石勇答道：「懂得一點點。」阿菊想不到石勇忽然似是謙虛起來。

阿菊隨即又問石勇道：「你看我的相，甚麼時候會發達？是否有機會發達，還有……」

阿菊頓一頓，鼓起勇氣說下去道：「還有甚麼時候會再嫁？」

石勇乘機賣弄自己的相法，鼓其如簧之舌，不料說溜了嘴，闖下大禍！

賣弄相法

石勇正面看着阿菊說：「你耳運與額運都不好，所以少年難得志。且耳朵有缺點，論部位應是十二歲那年會大病一場。」

阿菊不知道這是極膚淺的相術，但覺得石勇說得很準，她真的是在十二歲那年大病一場。當下阿菊心急的對石勇說：「你的相法果然了得，請繼續說下去。」

石勇見自己說得準，給阿菊一讚，便也飄飄然，便繼續說道：「你的眉生得不錯，主三十一歲後運氣日漸上揚。到三十五歲走眼運，至四十歲這六年間，將會更上一層樓，運氣如日中天，名利齊來。」

阿菊聽說自己中年可以發達和名利雙收，自然心裏高興，便再讚石勇道：「想不到你看相果真有一手。」頓一頓，阿菊又問石勇道：「你盡說我甚麼時候會交好運，但卻沒有說我甚麼時候會紅鸞星動，得以再嫁。」

石勇這時給阿菊讚得飄飄然，便以為自己真的是相術高手。他作狀在細看阿菊的相，然後對阿菊說：「你鼻形不佳，主刑夫，第一嫁屬偏房，且丈夫必死於意外。」其實這是已發生的事，但石勇仍故意這樣說。

阿菊低頭不語，石勇接着說：「你第二嫁會在二十五歲間，但因你面相帶桃花，小心會有三角戀愛或婚後有第三者……」

石勇還未說完，阿菊馬上說：「不會的，以我的個性，絕對不會鬧三角戀愛的。」不料石勇為堅持己見，一不小心，竟對阿菊說：「怎麼不會，你右乳房有痣，是容易鬧三角戀愛的標誌。」

阿菊聞語大奇，心想你怎麼知我右乳房有痣。忽然，阿菊明白了，面紅耳赤怒不可遏。

怒打騙子

阿菊高舉起右手，一掌向石勇的面頰掃去，石勇急忙低頭閃避。阿菊再站起來，一腳向石勇踢過去，石勇料不到阿菊一下子如此兇悍，雙手抱着頭囁嚅的說：「你怎麼可以這樣打人，我有甚麼地方得罪了你！」

阿菊聽石勇這麼說，心裏更氣，又再用腳使勁的去踢石勇，怒氣沖沖的說：「你這個騙子、神棍，還夠膽問我為甚麼要打你。我心中也曾經懷疑過你騙財騙色，騙我睡龍牀然後污辱了我，現在你果然不打自招，我問你怎麼知我右乳房有痣……我跟你拚了。」說完又拚命使勁的去踢石勇，踢得石勇抱着頭東躲西閃，既不敢還手也不敢說話。

就在這時候，又有兩名大漢向山上走來，見到阿菊在打人，便都搶前來看發生甚麼事。阿菊見到有人來，也就停了手腳，坐在草地上喘氣，石勇雙手抱着頭，斜覷着阿菊。

兩名大漢走到阿菊與石勇跟前，以為他們是夫婦鬧彆扭，其中一名大漢以教訓的語氣對阿菊說：「在逃亡時間，宜多互相照顧才是，還鬧甚麼彆扭？」

阿菊知道他們可能誤會了她與石勇是夫婦關係，馬上說：「這人騙我……」正想再說下去，便又把話吞回去。那大漢說：「現在不是計較誰騙誰的時候，最重要的要平安抵達香港。」接着那大漢又說，「我估計你們是逃亡去香港的，沒有估計錯誤吧。」

阿菊沒有答話，那大漢又在阿菊身上打量一番，然後搖搖頭地說：「看來你偷渡去香港，始終會功虧一簣。」

阿菊忙問：「你憑甚麼這樣說？」

衣着漏洞

那大漢看來不但沒有惡意，而且對阿菊似很關心，他見阿菊問他原因，便對阿菊說：「你是第一次偷渡的吧？」阿菊點點頭。

那大漢隨即說：「難怪，難怪。」

阿菊問：「甚麼難怪的？」

那名大漢又問：「你丈夫不會是第一次偷渡的吧？」

阿菊立即面紅耳赤的指着石勇說：「他不是我丈夫……是……」結果還是沒有說出她如何會與石勇在一起。

石勇這時卻插口說：「我姓石，是她的同鄉朋友。」

那大漢哦一聲，而站在旁邊的另一名大漢這時說話了，他對阿菊說：「看來你不知道香港現時是實行抵壘政策。」

阿菊忙問甚麼是抵壘政策？

那大漢說：「現時偷渡去香港，要能進入市區才有用，才可以取得居留資格。如果半途或在新界邊境地區被抓到，就會被解回原地，所以稱為『抵壘政策』。」

阿菊點頭表示明白，但隨即問：「那你的朋友為甚麼那麼肯定我會功虧一簣？」

那大漢微笑說：「我們不是朋友，是兩兄弟，我是大哥，叫郭明，他叫郭亮。」

阿菊哦的一聲，然後對郭亮說：「你試說說給我聽，我為甚麼會功虧一簣。」

郭亮看來甚有偷渡經驗，他十分認真的對阿菊說：「從你的衣着，香港人已經可以肯定你是來自大陸的。所以，我認為縱使你成功在新界登陸，亦必無法到達市區，半途就會給警察抓到的了。」阿菊低頭看一下自己的衣衫，然後問：「那可有甚麼補救辦法？」

又再打鬥

郭亮對阿菊說：「你穿的這種藍衫藍褲，香港很少人穿的。而最重要的，你穿的布鞋就完全暴露了你是來自中國大陸的。」
阿菊這時正在不知如何是好的時候，郭亮又指着石勇說：「他的衣着就比你好得多了，恤衫、牛仔褲、波鞋，完全是香港人的衣着模式。所以，他只要能在香港邊界登陸，就準可順利到達市區。」
阿菊看看石勇，再看看自己，覺得郭亮說得也真有點道理。隨即怒目看着石勇，心裏在想你這傢伙也真自私，自己穿得似模似樣卻不把這關鍵的事告訴我。
郭亮想再說下去，這時站在一旁的郭明止着他說：「時間不早了，我們快點趕路。不要再嚕嚕囌囌了。」
郭明郭亮兩兄弟也不再打話，便向山上繼續走去。
這時山上便又只得阿菊與石勇兩人，阿菊愈來愈氣，便又使勁的去踢石勇。
石勇開始時沒有抵抗，但給阿菊使勁的踢了幾腳後，便也火氣上升，高聲的說：「你不要得勢不饒人，你只要再多踢我一次，我就還手。」
阿菊與石勇兩人高度相若，以女性來說阿菊算健碩；以男性來說，石勇則算略矮小。阿菊聽石勇這麼說，心中更火，認為石勇是在嚇他。阿菊自小個性即甚為倔強，至此更顯露出她的本性來，她毫不示弱的高聲對石勇説：「踢你便踢你，看你能把我怎樣！」説罷又真的舉腳去踢石勇。

石勇忍無可忍，猝然站起來飛身撲向阿菊。

慘死山中

阿菊猝不及防，一下子與石勇變作倒地葫蘆，在地上打滾。

到底還是石勇力氣較大，一下子把身體壓着阿菊，雙手扼着阿菊的喉部。正想説話時，阿菊拚命在掙扎，石勇便壓得她更緊。突然間阿菊伸手到衣袋裏去摸出一把彈簧刀，使勁的去按一下刀柄上的按鈕，刀鋒迅速彈出來。阿菊用力的把刀子向石勇的腰間插去，只見石勇慘叫一聲，便倒在草地上掙扎，大量出血，把地上都染紅了。

不一刻，石勇已一動也不動的倒卧在血泊中，氣絕身亡了。

阿菊坐在一旁，眼見石勇死去，雖然有點震驚，但仍能維持鎮定。她用力的把彈簧刀擲在地上，刀鋒沒入土中，刀柄則在左右搖動。

大約過了半小時光景，阿菊想自己千山萬水來到這裏，決沒有就這樣回去的道理。說甚麼也要博它一博，說不定到了香港後可能扭轉自己的命運，過一下舒適的生活。想到這裏，阿菊便想起郭明與郭亮兄弟說她會功虧一簣，完全是因為衣着的問題。阿菊看着石勇的屍體，心念一動，實行一不做二不休。便先脫了石勇的波鞋，隨即再脫去石勇的恤衫、牛仔褲。見四野無人，阿菊迅速脫去自己的衣服和布鞋，換上染有石勇血漬的衣服和波鞋。

阿菊以自己換出來的衣褲蓋着石勇的屍體，形狀偏巧有點似「掀裙舞袖」。

這時已近黃昏，陽光把整個梧桐山照得金黃一片，景象恰似石勇對白頭李所說的「金粉灑梧桐」。阿菊肩上掛着個小包袱，拖着疲倦的步伐一步一步的向山上走去，漸漸身影沒入山谷中。

騙人缺德

白頭李與阿菊的故事已告一段落，這個故事中涉及兩名風水先生，其一造詣較高者就是鍾山玉，而另一較低者就是石勇。

白頭李本來在鍾山玉的指點下，為父親尋得名穴，足以三元不敗。但可能因白頭李這人為富不仁，難獲名穴風水的庇蔭。結果聽信了石勇與神棍阿祥的擺弄，不等待名穴發揮作用，便輕率地去遷葬，結果招來殺身之禍。

而教白頭李遷葬其父的風水先生石勇，同樣不得善終。他偽造一個「金粉灑梧桐」的名堂，而自己終於死在相似的環境中，亦可嘆也！

扶乩本來是一種很神奇的事物，如在拙著《天網搜奇錄》中，結尾時就提到有人去扶乩問香港的前途，我寫該書是在一九八七年，到現在那乩文可說靈驗到十足，這是真正的扶乩。但石勇帶白頭李去扶乩，卻是配合神棍阿祥去騙白頭李的，那是假的扶乩，自然作不得準。凡事有真有假，在術數上亦然，同樣有人利用掌相、命理、風水，甚至占卜等去騙人。而最缺德者就是本身對風水毫無認識或僅屬一知半解者即去替人看風水，所賺得的金錢必然無法彌補其所失！如石勇的故事，開錯了穴後，自己就先跌傷了手肘。近似的故事我聽過不少。

同樣，我也聽過不少人說，如某風水先生僅在中年，身體已甚多毛病，氣色極差，是因洩漏天機太多所致，其實這是一項頗大的誤解。首先我們得明白，如果在風水上做好，是一種助人走向得福之路，可助人解決不少的困難，自應有好的回報才對。當然如石勇之輩，那是另一回事，自應與洩露天機無關。

五黃三煞

如石勇之輩，胡作妄為，到招致了殺身之禍時，就說是因為洩露天機的關係，那是無論如何也說不過去的。

通常一般的墓穴，如果當年是犯五黃或三煞，一般的風水先生都是不敢去動它的！如故事中白頭李父親的墓穴，當年就是犯了五黃，而石勇竟夠膽去動它，結果白頭李不幸身亡之後，石勇本人亦以被殺告終。

甚麼是五黃，甚麼是三煞，在風水學上來說是極普通之事。其中並無甚麼艱深難明之處，稍為讀過玄空學的人都會知道甚麼是五黃，甚麼是三煞及它們的利害之處。

但世事就有時甚為奇怪，記得多年前有位甚出風頭的「術數家」，現在已較為沉寂了，他在一本雜誌上寫甚麼是「三煞」，居然說三煞是「八卦」、「三叉」及「鑊」。可見他根本沒有讀過玄空學（風水）的書籍，否則不可能以「局」對「方」形成之三煞也全無所知的。

這事是千真萬確的，我本來從不看該雜誌的，那天恰巧是已故風水名家張樂天先生的壽辰，他的門人為他設宴，我亦叨陪末席。有人購了該雜誌看到該文不禁大笑，互相傳閱。我亦因而看到該段「妙文」，但感慨於這樣的所謂「風水先生」，居然在香港有一定知名度，當年還經常在傳媒上出現。同時我還發現「術數家」的名氣，在大眾眼光中與在術數界人士眼光中是有很大分別的。有人在社會上無人不識，但在術數圈中評價可以甚低；有人在社會上根本沒有甚麼人認識他，但他在術數圈中可以名氣甚響。現在回頭再說五黃與三煞，數年前我就曾遇到一個頗堪一記的個案。

第四章

積德為先

福人葬福地

古人常說「福人葬福地」，那是說有福之人，很自然就會獲得好風水的福地。而這種觀念，數百年來都根深蒂固在一般人的心中。所以，舊日封建時代，懂風水的國師或大臣為皇帝找到建造陵墓之地時，一般除了誇讚該處風水甚佳之外，很多時還會說這地是留以有待有福之人的，皇帝聽了之後一般都會滿心歡喜。

在白頭李的故事中，石勇也說白頭李的父親能葬在「金粉灑梧桐」這穴中，也是「福人葬福地」。當然這是石勇哄白頭李和讓他高興的說話！

是否真的有「福人葬福地」這回事呢？在我個人意見則認為，這與普通人選住宅那樣，如果他走運的話，是很自然會找到好風水的房子居住的。至於墓地更奇怪，縱使刻意安排，有時亦未必葬在該處。當然，再另覓地，如果有運兼有福的話，當會找得更佳之地。反之，縱使獲得吉地，也可能陰差陽錯地葬錯了的。

記得在一九八九年，當年為己巳年，我剛好從《明報》退休。一位極度篤信風水的朋友，姑名之為A君吧，突然來找我，說他的父親剛去世，希望我能給他指示應把父親葬在甚麼地方。

原本A君在他父親去世前數年，已預備了兩塊墓地，一塊在香港仔，一塊在荃灣。A君告訴我，他父親生前一再對他說甚怕火葬，所以他才預備了兩塊墓地。

A君的父親去世時已近九十高齡，兒孫滿堂，正是福壽全歸，當然不能草草安葬了事。

但A君帶我去看過該兩墓地後，使人難以相信的是，雖然早有安排，但A君的父親卻終於不是葬在該兩處地方！

非同小可

A君先帶我去香港仔看第一塊墓地，我用羅經測量過是坐艮向坤（按：即坐東北向西南）。在香港仔華人永遠墳場中，這個坐向的墓地甚多。

在五運（一九四四年至一九六四年）期間下葬的，這坐向的墓穴都屬「三般卦」。而事實由於香港仔本身風水也甚佳，是故這等墓穴的後人，今日不少已飛黃騰達。若到六運（一九六四年至一九八四年）才下葬的，亦得「到山到向」之利。但到一九八四年後踏入七運才下葬的，則為「雙星到後」之局。

A君帶我去看該墓地時是一九八九年，時值七運，當年「二」入中宮，那麼就是「五黃」到艮，亦即到坐山。所以當日我對A君説此墓地今年不能用！

A君聽我這麼説，便馬上再帶我去荃灣看另一塊墓地。該墓地坐卯向酉（按：即坐東向西），當年是己巳年，三煞在東，是故亦不能用。A君聽説兩塊墓地都不能用，心裏很不舒服，這我也看出來。最後，他終於忍不住問我，可有甚麼方法使到兩墓地能用。

我記得我當時答他，凡犯煞之墓地，如果死者死後七天之內安葬，屍體尚有餘氣，還可通過擇取吉日來搏一搏。我當時對他説：「尊翁兒孫滿堂，親朋眾多。今福壽全歸，當無理由立即下葬者。必然發訃文通告親友，讓親友們有時間前來致祭才是。」

A君點點頭，接着我又很鄭重的對他説，這兩塊墓地，不宜在今年造葬，還是不用為上策，而且我亦一定不會參與造葬之事。但我為了讓他知道此事非同小可，便介紹了另一條途徑給他。

各有前定？

我對Ａ君說：「營葬之事，有所謂擇日偷修者，這就要精於擇日之人才能做到。我並非曆學專家，所以，在這方面我建議你不妨去找曆學名家蔡伯勵先生，或者他會有辦法。」Ａ君定神地看了我一會，我知道他的心意，是奇怪我為甚麼會轉介別人去做。他就是不知道，在我來看是很平常的事。我認為每人都有所長也有所短，亦不可能每樣事都精通。所以我若認為別人比自己做得更好，何不轉介別人去做呢！

Ａ君想了一會，還是帶點遲疑的語氣對我說：「我不認識蔡伯勵先生。」

我馬上說：「那還不容易，我與蔡老師也算有點交情，我先替你打個電話引薦，然後你親自上門去找他便是。」

結果Ａ君如我所言去找蔡老師，並帶蔡老師去看前文所述的兩塊墓地。

蔡老師看過該兩塊墓地後，所得的結論也是不能用，亦不能憑擇日去偷修。至此Ａ君無話可說，知道此事不可勉強。但父親之身後事如何處理呢，他就真的傷盡腦筋了。因為他父親生前對他說過不能火葬，只可土葬，父親的意旨不可違也！

總算A君有點運氣，而其尊翁也是有福之人。蔡伯勵先生終於建議他在柴灣另買一塊地，作為安葬其父之用。A君自然忙不迭答應，只要蔡老師肯替他選一風水吉地。該地後來我也去看過，是為七運坐丙向壬，雖屬「雙星到後」，但「一六八」三吉在前，亦屬不弱。從此事可知，人死後葬在何處，生前亦不易安排。我亦見過有一位風水名家，生前安排好自己身後的山地，結果卻陰差陽錯。

玉帶環腰

該位風水名家當年頗有名氣，造詣亦高，他為了營造自己身後的墓穴，福蔭後人，曾經千辛萬苦翻山越嶺到處去尋龍。

結果皇天不負有心人，終於給他在某鄉找到一塊風水吉地，而且有一個漂亮的名堂，稱為「玉帶環腰」的。

風水地的名堂，如「玉帶環腰」、「玉女拜堂」、「狐狸涉水」、「玉尺量布」、「虎巒茅窩」、「蝙蝠上牆」、「蟒蛇出洞」等，不一而足。但並不是這樣格局的吉地全世界只有一個，而是許多地方都可能出現同樣格局和名稱的吉地，只是格局會有高低之分而已！話說該風水先生找到了「玉帶環腰」這吉地後，第一就是想盡辦法聯絡村人，打好關係，然後取得村人同意他在該處營造自己身後的墓地。他在山上定了方位後，拉了紅線作為開穴的記號，然後帶妻兒到山上，吩咐他們在自己死後把自己葬在該處。

一切安排妥當後不到兩年，該位風水先生因年邁患病而去世了，他的後人自然依照他生前的指示把他葬在「玉帶環腰」的風水吉地內。

果然，數年後他的兒孫發跡了。他的兒孫甚多。可是十分奇怪，發跡的都是「中房」，也就是說只發「中房」，而「長房」及「幼房」都不發。

我在很偶然的機會下曾經去看過該墓穴。因為我知道該位風水名師葬在該處後，便一直很想去看看。

與我一同去看的除了該位已故風水名家的後人外，還有一位精於玄空的老先生同行。那位老先生與我一同用羅經測量過該墓穴後，他便對我說：「這墓穴當日開線，必有陰差陽錯之處。」

一線之差

我亦覺得老先生所說有道理，因為我用羅經測度過該墓穴後，發現是用兼線的，照道理應用正向更好。但為甚麼會這樣呢？風水名家不會為自己墓穴開線也這樣不小心，以致陰溝裏翻船吧！

老先生接着說：「葬這裏的這位風水名家，我可以肯定他的造詣不低，因為我也認識他，亦見過他的功夫。所以，我十分疑惑他為甚麼不乾脆用正向而去用兼線替卦，就真有點出奇了，所以我估計其中必有陰差陽錯的地方。」

結果老先生鍥而不捨的去追問風水名家的後人，當日下葬時有甚麼特殊的情形發生沒有？

風水名家的後人想了一會之後說：「對了。」他接着把當日下葬時的一些特殊情形告訴我和老先生。

原來在風水名家下葬的那天，他的家人本來要依他生前所定之位置開穴。不料發現在距離穴位不遠的地方，新葬了另一墳，風水名家的妻子嫌與該新墓距離太近，便把原先拉好之紅線移過一點點，在她來說以為是一樣的，不料就此開出了兼線的穴位，而該穴只發「中房」亦由此而起，可說人算不如天算。風水名家生前苦心經營，千辛萬苦翻山越嶺去找風水吉地，無非是想整個家族興旺，結果其後人陰差陽錯的弄出了一個兼線之穴，亦非始料所及也。

但老先生認為風水名家仍算有福，其後人開穴雖有差錯，仍能福蔭中房。否則的話，弄個出卦的穴，效果可能不堪設想。

有福之人，不管怎樣，仍然有福，從上文風水名家之故事，可以為證。

積德為先

自古以來以風水為業及信風水者，都信積德這回事，認為人要積德然後有福。否則縱有名家出手相助，很多時亦會功虧一簣。

白頭李的故事，亦屬殷鑑。他本來已替父親找到一塊不錯的風水吉地，但卻誤信庸師之言遷葬，是亦可能生平無積德，雖獲得吉地而無福接受，終要遷出。

類似的事情我見過很多，當然其中大部份屬陽宅者。

舉例來說，我見過有人買得一間風水上吉之屋，正準備搬去居住時，卻找來一位庸師看風水。

庸師說該屋風水不佳，並說一些嚇人的說話，結果不敢搬入去住而把屋宇轉售。此類事例可說屢見不鮮，亦時有所聞！

我亦聽一位風水家告訴我一個故事，說有人買得一間風水很好的屋，在搬入去居住前找來了風水先生看風水，風水先生也認為該屋甚佳，值得去住。

不料他駕車送風水先生回去時，路上發生交通意外，車子被人撞了一記，而送完風水先生回去後，回程時又因犯了交通條例而被警員抄牌。這位朋友回到家裏悶悶不樂，心情惡劣，竟又與太太吵了一場。他思前想後，竟然懷疑新屋風水不佳，結果放棄了！

風水這東西就是這樣奇怪，如果你不當運的時候，儘管給你找到一間上吉的房子，也會因某種原因放棄了的。

但如果有福有運的話，就算有人從中刻意破壞，也無法把它弄垮的。有時更不但不會弄垮，而且還會弄巧反拙，使到它莫名其妙的變成錦上添花，《沈氏玄空學》中亦有此案例。

天理常在

在《沈氏玄空學》一書中，其中「卷二」有「論秘密之謬」的一章，就記述了一個案例，說明有福有運之人，縱使有人刻意破壞，搗亂者亦必不得逞。

而且通過破壞者之手，使風水不但未有破壞，且更錦上添花。

該案例是記述嘉興一位陳善人之地，該墓地是為坐乾向巽（按：即坐西北向東南），八運葬，是為到山到向之局。葬後財丁兩旺，但不發科名，子孫中無人取得功名，無人中舉，直至二運乙酉年，也是說四十餘年後，鄉中有無賴子，習風水堪輿之學，藉端勒索陳家，被拒之後乃興破壞之心，乃在墓地之艮方（東北方）置一天燈。

無賴子設立該天燈，原意是破壞陳家的風水者。不料天燈設置後，陳家數十年不發科名之悶局打破了，其孫竟捷秋闈。

《沈氏玄空學》對此案例亦有解釋，那是因為八運葬坐乾向巽，飛星七九入中全逆飛，向上飛星四到艮，二運乙酉年時年上飛星一又到艮，是為一四同宮云。

在一四同宮之位置設天燈，無疑是加強一四之力量，因此「一四同宮，科名大顯」便也立即見效。

從此案例可見積德積福之重要，而玄空學中甚為有名之《飛星賦》，其中有兩句說「人為天地之心，凶吉原堪自主」，多少也有這個意思，這兩句說話我在早年的著述中也談論過多次。事實上，多行不善者，往往就與前文所述陳善人之案例相反，縱使找到風水吉地，不必有人去破壞，天意也會使其風水改變，從吉地變為凶地，此類案例《沈氏玄空學》亦有記載。

天災破壞

同樣在《沈氏玄空學》卷二「論秘密之謬」那一章，力言獲得風水助力之後，積德之重要。否則縱然獲得風水吉地，如果作威作福、多行不義，亦必遭天譴或風水吉地為天災所破壞，以致子孫被禍！

其中所舉之案例包括有：

一、有一姓王者，在二運辛卯葬得一坐乾向巽的吉地，至甲午年，其子鄉試中式，橫行鄉里，至丁酉年，墓為大水沖壞。次年，其子入京應試，竟客死異鄉。

二、上虞北鄉有一戶人家，八運時葬得一坐丑向未之吉穴（按：八運最佳之坐向為坐丑向未，所謂「自庫樂長春」是也，無論陰宅、陽宅，山水若配合有情，當為富貴之局）。子孫繁盛，富甲一方。但多行不義，至一運末年，蔭木為大風拔去，連年喪丁損人口，而財亦日退。

三、杭州西溪某紳，二運葬得丑山未向風水吉地，旺丁旺財，科名亦盛。但某紳在任貪酷，至三運初有人於其來龍葬一穴，風水破壞，其家遂敗。

四、蘇州「七子山」下某姓人家，二運甲申年得葬甲山庚向吉地，得風水上所謂「城門一吉」，葬後得補某縣缺，但喜殺無辜，忽墓前大樹為風拔去，某遂遭革職。

其中還有另一相似之案例不贅。但這都是古例，而《沈氏玄空學》刊載此等例子，固亦鼓勵人在富貴之後，宜積德行善，以上例子全屬陰宅。至於陽宅，此類為大自然破壞風水的例子不是沒有，只是不如陰宅之多之顯。而一般人之敗於陽宅風水者，大多為搬錯家所致，亦未必與多行不義有關。

搬家故事

如何才算搬錯家呢？在我的意見認為，假定你本來所住之屋，風水有八十分者。但你搬到一間風水只有五十分之屋去居住，那等如是「降班」了，這就可說是搬錯家。

當然風水學上並無這樣的計分方法，我不過是借此舉例來使讀者易於明白而已！

所以，經常有人問我是否應該搬家時，我都會這樣的回答：「看你能否找到一間在風水上比現時所住更佳之屋。」重要的和應該強調的是「風水更佳」而不是「面積較大」。

因為一般人在住了好風水之屋後，發了財就自然想搬家，想搬到面積更大的屋去居住，這是很自然的慾望。亦正因如此，不少人雖然找到面積較大之房子，但不幸風水甚差。結果事業與財氣同時敗退，終於打回原形，又再搬回較小房子居住。此類例子可說甚為多見。

曾經有一位藥商告訴我這樣的一個故事。他旗下有一位藥料供應商，初期住在紅磡一條橫街某大廈的一個小單位裏，生意甚好，才兩年便發了財，賺了不少錢。這位供應商也像普通人一樣，發了財後很自然便想到搬家，結果搬到九龍某區一間面積大許多的房子，不料此房子風水奇差。不足兩年，這位供應商的生意卻一敗塗地，打回原形。據說後來他又再搬回舊日附近地區的一個小單位去居住，不一年生意又再旺起來，又再給他賺了不少錢，但前車可鑑，這回他學乖了，不敢造次的搬家了。

當然面積大之豪宅，亦有甚多好風水者，只是一般不懂風水者不易分辨孰好孰劣，然後方會有上述的故事發生。

浪費時間

前文所說供應商搬家的故事，那位供應商其實仍算有運，終於離開風水奇差的房子而搬回風水較佳的房子，只是無端浪費了兩年的賺錢時間，亦屬可惜。

以上的例子，也不過小巫而已！還有更慘的是，在小屋發達了，搬去大屋居住，衰了。再搬回小屋居住，又發了。又再搬去大屋居住，又衰了，周而復始的。試問一生人中，有多少黃金時間給你這樣浪費！因有這樣的例子，不免有人會問，那麼搬家之前，請風水先生先看一下新屋是否好風水，那不是就可避免上述的例子嗎？

當然，如果你請得一位真材實料的風水先生，問題自可迎刃而解。但世上濫竽充數及不學無術的所謂「風水先生」極多。如果萬一不幸請得一位古稱「庸師」之人替你看風水，那不但對你全無幫助，且可能害你更深。

年前有一位風水名家告訴過我這樣的一個故事。在本港有一位「庸師」，連「定向」也不懂的，替人看風水幾乎害人一命。

說到「定向」，在香港許多新型建築物裏，一般的風水先生也不易弄清楚它的坐向。而最慘的是坐向一錯則整盤數也錯，而「庸師」的故事就是發生在某區的一幢大廈裏。該大廈是十字形，四面都有居住單位和有窗，一般學習玄空（風水）而經驗較少者，都難分辨其坐向。該大廈其實是應作七運坐乾向巽來看，但「庸師」所看的單位，因開艮宮門，他便以門為向，變成是坐坤向艮。

懂玄空學的讀者，不妨把上述七運兩個星盤列出來看看，便明白其差異之大，何止霄壤。

定坐向難

該位「庸師」把七運坐乾向巽的房子看作是坐坤向艮，開艮宮門便是「雙七」門，他認為這是旺門，便大讚該單位風水好。

結果戶主住進去僅數月，便疾病叢生，一度且被醫生懷疑其患上癌症，而且事業亦不順利。

戶主覺得奇怪，既説是好風水的房子，怎麼會住進去後變成這個樣子？總算戶主還有點運氣，終於他通過朋友的介紹，找到一位風水名家幫他的居所再看一次風水。結果風水名家盡是搖頭，認為此單位風水不吉。

風水名家是把該大廈看成是七運坐乾向巽的，那麼走艮宮門便變成是「二九」門，配合戶主之五黃命，自然疾病難免，加上巒頭亦不吉，久住有癌症亦不奇怪。

如果戶主不警覺，一直信「庸師」所説，則真的可能為庸師所害。

結果戶主有運，及時搬走逃過一劫！

從此個案可知道，坐向定錯，可以出現極大的錯誤。如上述的例子，開艮宮門本來是「二九」門，但錯定坐向，卻變成是「雙七」門，懂玄空學（風水）的讀者都會明白這是差異極大的。

而事實，本港不少新建成的房子，在定坐向方向是會難倒一些經驗較淺的風水先生。甚至在中區，有些新建成之商業大廈，由於外型別樹一格，不少人就左看右看、前看後看；一時間都無法決定它是坐甚麼向甚麼的。

若再加上附近有高壓電通過影響磁場的話，那更加要命。

本已難決定其坐向，再加上羅經的磁針不穩定，風水理論再好，也會莫知所從！

轉介專家

有朋友問我：「你經常把一些找你算命或占卦的朋友轉介給別人，不怕人家說你閒話，說你『冇料』嗎？」

在這方面我不在乎人家怎樣看我，但我覺得是應該這樣做的。因為每人的專長不同，如果剛巧遇到必須具有某項專長的人去解決，而自己又知道有這樣的能人存在的話，何不轉介去給他做？舉例來說如A君的故事，因為可能憑擇日偷修得過難關，但我本人不是曆法專家，那麼轉介給蔡伯勵先生這位曆學名家去做，在我來看是極平常和應該這樣做的事。同樣，有人想算紫微斗數，蔡伯勵老師亦嘗試過轉介給我。

又如有人想算六壬數，我覺得容老師在這方面比我做得好，我是毫不猶豫地轉介去給容老師。

在我來說我覺得這絕對不是丟臉的事，而且是應有的職業道德。這情況頗似醫生也有分科，如果自己不是專長那一科的，遇到有這樣的病人上門時，把他轉介給專家去治療，也是很自然和應該這樣做的事。但財迷心竅，自吹自擂，自以為自己甚麼都懂，把自己看成通天曉，只要有錢收便來者不拒，這樣的術士在江湖上正多着呢！而江湖上出現不少的「偽術」，其中也括風水學上的「偽術」、紫微斗數的「偽術」等，不一而足。我認為很大部份原因也是歷代均有不少江湖術士，而「偽術」自然是他們自作聰明的產品。

在今日香港，玄空學（風水）被污染得很厲害；而紫微斗數則因過度氾濫，同樣被嚴重污染。不少朋友問過我，為甚麼我近年在著述裏甚少談紫微斗數，這當然是有原因的。

斗數氾濫

我在一九八五年寫《紫微閒話》時，當時認識到甚麼是「紫微斗數」的人還不多。但不旋踵，即出現了紫微斗數的熱潮。許多人認為當時的紫微斗數熱潮是由我掀起，縱然不是完全由我掀起，但也佔很大的動力。當然這是帶有很大的主觀成份，以及我的筆名是「紫微楊」有關！

我當時怎樣也想不到紫微斗數的熱潮消逝得那麼快的。

我曾經冷靜分析過，這可能與紫微斗數在氾濫後，一知半解的人多了，許多人在遇到一些疑難問題無法解答時，便自己去「發明」一些方法，結果便出現了不少的「偽術」。

舉個最簡單的例子，「流年」與「小限」在看流年時，互有甚麼不同的作用。到現在為止，還是極少人知道。

又如「命宮」與「身宮」，其間有些甚麼地方可以互相呼應，知道的人也不多。

再如紫微斗數算流月，為甚麼很多時會不夠準確或出現很大的誤差？

除了一般紫微斗數書中所載的推算流月的方法外，另外還有一個方法也是極少人知的。

除此之外還有不少的秘訣，都是一般紫微斗數書籍不載，而要靠名師口傳。

不少人就因為不知道許多問題的關鍵所在，便想當然地自己去發明一些方法。

如近期我聽人說「父母宮可看上司」、「子女宮可看下屬」，這就可列入「新發明」之列，準繩度如何已是別論了。

不斷發明方法和一些以傳授紫微斗數為業的人，每喜歡把我作為攻擊對象，這就使我對寫紫微斗數更為意興闌珊。

排名廿六

我自己不必靠替人推算紫微斗數，或以傳授紫微斗數為生。所以，在給人不斷攻擊之後，便沒有興趣再提紫微斗數。因為紫微斗數縱使再有熱潮，也只有令攻擊我的人受惠。

到今天，我在怎樣情況下才會去替人推算紫微斗數，不必我說，江湖上的人都知道的。

至於有人攻擊我，說我過度守秘和不肯傳人，其實這也是錯的。

如前文所提到的一些有關紫微斗數少為人知的問題，與我時相往還而又熱中於紫微斗數的朋友，我都會把其中訣竅告訴了他們。

至於說我不肯傳人，那就更荒謬。我曾在幾位老師前說過，到我六十歲時我就會把平生所學傳人。

結果到一九九〇年秋天，我六十歲生日那天，我就收了九名門人，把我生平所學的術數傳給他們，而且是免費的。

到後來，又有多位熱衷術數的朋友，當日未及加入的，在接着而來的十年中，共有超過二十位成為我的門生。

所以説我不肯傳人是錯的，只不過我是擇人而傳而已！

多年前，我從朋友處看到一份傳真的文字，是評論本港術數界人士。據文章自稱是某會的組織，把「鐵板神數」攻擊得體無完膚。接着攻擊我，説我吹噓鐵板神數，使不少人破財。

其實我在《天網搜奇錄》及《玄空紀異錄》提到「鐵板神數」時，已很正確的説明了「鐵板神數」是甚麼！至於我在本港術數圈中的排名呢，該會把我列入第二十六。

竹報平安

現在回頭再説玄空學（風水）之污染，主要原因就是不少人自己「發明」一些方法。舉例來說，年前我聽一位朋友說，有人病了請一位風水先生看家宅風水，風水先生看過周遭環境後，提議戶主在家裏掛一幅以竹為題材的畫，據解釋說是「竹報平安」云。因此事曾有傳媒報道，所以有不少朋友問我是否真的有效。

教人在家裏掛「竹報平安」的畫，如果也列入「風水學」的話，那麼風水學實在太簡單了。照這樣說來，那麼過年的時候，許多人在家裏貼上「出入平安」、「老少平安」等的揮春，也可以入風水學之列了。其實這只可說是個人的期望，期望得到「平安」而已，與風水有何關係呢？又如多年前，有人在傳媒上教人新居入伙時，煲一煲滾水，開着電風扇吹着它，據說這就叫做「風生水起」云。這不但是妙想天開的「新發明」，而且帶有很大的搞笑成份。

又如日前我提過說某「術數家」在某雜誌上寫甚麼是「三煞」時，他說鬥三煞就是拿「三叉」、「八卦」及「鑊」出來鬥，亦屬同樣搞笑。諸如此類古靈精怪的「新發明」，不勝枚舉，可見玄空學到了今天，真是備受污染了！

至於多年前李英豪兄在他的專欄內寫及有人在牀下放五枚銅錢化煞，結果引致腹瀉，後來除去了便痊癒云（記憶所及大約如此）。

李英豪兄讀者甚多，此文當日刊出後不少人打電話來問我。

我認識李英豪兄多年，他是個很博學和對人很熱誠的人。但他提及之事，我如何看法呢？

慈母喚兒

我鑽研玄空學多年，也一直知道有人遇到「五黃」及「二黑」時，如果要化這等煞氣的話，就會使用古錢，有人用五枚亦有人用六枚，亦有人指定用某個年代的古錢。而我亦一直懷疑用古錢化煞的方法是否有足夠效力，亦一直懷疑這要具有法力才行。所以我自己就從來沒用過這方法，亦不敢用這方法。

我亦問過一位風水名家，沈氏玄空學的傳人之一，他也懷疑這法是否有效，同樣的他也從沒有使用過這方法。

我與他相同的觀點是，要化「五黃」與「二黑」之氣，不錯是要用金屬來化，但作用主要是金屬的聲音，如銅鈴的聲音最為有效，書上亦載明其作用如「慈母之喚兒」。只把死物的金屬放在那裏，我懷疑其效果是否足夠。所以李英豪兄所舉的個案，我認為是巧合而已，未必與風水有關，而且縱使「五黃」到牀，如果其他地方如開門及路氣等沒有配合煞氣為虐的話，亦未必足以為凶。李英豪兄雖然博學及懂《易經》，只是在風水學上，估計他接觸得較少，所以未知其玄虛，亦難怪也！

而事實，今天以風水為業者甚多，其中更有很濃厚的宗教成份者，正是各家各派，要分高低和真偽，外行人真的不容易。在我個人看來，其中有些是屬於「法術」，已超出了風水學理論的範疇。

至於公關小姐珠珠的個案，亦值得一談？本來，我們替人看過風水後，在一般情況下，如果他們不提，我們亦不會提。縱使如《術數述異》的報道，亦必改名換姓及不寫真實事發的地方。只是此事珠珠既在她的專欄報道，那也不妨照直說。

破例之作

公關小姐珠珠與我認識多年，亦常有過從，可說是好朋友之一。

這事說來就從多年前的一個年底開始，那時她患了痛風症，痛得她死去活來，一方面找名醫診治，亦服過不少獨步單方，但始終無法治癒，時好時發，病發時她的那雙玉腿就痛得她呼爹喚娘。

在她得到此症之前，她亦會請她熟悉的風水先生看過家宅風水。她請的那位風水先生是我也認識的，但看過風水後，當時她想欲得風水助力的地方，並未見效。

而我的習慣是，不管是最熟悉的朋友，如果他們不信風水或不是請我看風水的話，我是絕對不會主動去替他們看風水的。我所持的理論是，我們不宜隨便去干預他人的運程。更何況朋友已有風水先生相助的話，我們更無理由插手。當然如果好朋友主動邀我替他們看風水的話，我亦每每甚為樂意而少推卻，這是熟悉我的朋友都知道的。

而珠珠小姐這個個案，在我來說可說是破例之至，我記得有一天晚上我見她舉步維艱，頗為辛苦，突然間覺得我們既是多年朋友，理應出手相助，看看能否為她解決問題。當晚我對她說：「我知你是信風水的。我站在好朋友的立場對你說，在這方面你不要胡來，你一定要信我，讓我來替你好好地處理一下。」

她點點頭，隨即問我甚麼時間可替她看。

約好了時間的那天，我帶備羅經到她家去看風水。她住的房子是六運坐甲向庚，亦即坐東向西的「地元卦」，走坎宮（北）門。那麼問題出在哪裏呢？如何破解呢？

不信則無？

話説珠珠小姐所住的房子是六運坐甲向庚，亦即坐東向西的「地元卦」。走坎宮（北）門，根據飛星是為「三八」到門，加上入中之星為「四八」，而向上飛星為「二六」，此向已是容易弄傷手足，或手足易有毛病者。此類房子在本港不少，在過去我亦曾用自己的方法去解拆過，頗為有效。

當日我便教珠珠小姐以一紅色地毯從大門口直鋪到她的睡房門，然後再在入門之處放一高約三尺之紅色瓷筒，並且盛滿水在內。

珠珠小姐依言照做後，她的足患在繼續就醫下迅即痊癒，至今多年，未再復發。

而更妙者是珠珠小姐頗喜杯中物，自患該病後，醫生囑不可飲酒，她為此而煩惱不堪，蓋減少了一項嗜好，在她來説也如少了一項人生樂趣之事。

但在她痊癒後，終於忍不住試飲少量，見並無不良反應，便漸漸恢復往日的豪飲。説來亦甚奇怪，她雖常飲至醉倒，但足患亦一直未受影響，未有復發過。

在不久前的一晚上，我與珠珠小姐及數名友人在某酒家宵夜。當夜談起風水之事，其中一名友人對「風水」頗為置疑者說：「風水之事，信則有，不信則無！」

我馬上更正他說：「風水之事，不管你信還是不信，都是存在的。問題在有多少人真正明白風水的作用而已。」

當日我提議可作一試驗，不妨請珠珠小姐除去家中所有我教她放置的東西，且看她的足患是否復發。且看是否「信則有，不信則無」，但珠珠小姐怎麼說也不肯作此試驗！

化煞之見

當然每間房子由於坐向不同，或運不同，遇到出問題時的方法就有所不同。所以說如珠珠小姐的房子，用紅地毯和水來破解，只是針對她房子的風水情況來使用。其他坐向或運不同的房子，就可能要用別的方法。珠珠小姐的例子，由於她在其專欄上曾報道過，所以特別多人知道，亦因此不少喜鑽研玄空學（風水）的朋友曾十分詳細的與我討論過這個個案。

亦有人問過我，為甚麼我認為若以金屬去化煞，必須取其聲音。但以紅色化煞，則僅放紅地毯在那裏便可以。記得我曾對朋友解釋過，佛家之青磬紅魚，我個人的意見認為，其所以能破除塵世間之煩惱者，亦在其聲音而已！蓋木魚之聲音。乃木之音也。木可破土，而破土之後，繼以青磬之清澈銅音，乃徹底去除被破之塵土。

若以風水學而言，「二五」屬土，亦為煩惱及疾病之源，以屬金屬之銅音破之，甚合理也。所以我認為只放幾個銅錢，除非你相信其確具法力，否則我認為其效果不高。情況如許多人喜歡教人掛風鈴，但風鈴若掛在無風之處，未能發出銅音，我亦認為效果不大。

但若以紅色來化煞，為甚麼只放紅色地毯也可有效呢？在我的意見則認為不同顏色的光，是有不同的波長。

把紅色的地毯放在地上，有光線照到的時候，它自能起反射的作用。當然如果亮一盞紅燈在那裏，效果會更大。但我個人的意見則認為，紅燈不是隨便可用的。必須視情況而定，其間就有竅要存焉！用得好，效果甚大，用得不好，會有反效果。所以，不能亂來。

地域問題

有加拿大讀者Albert來信說，他近年靠書本自學六壬數，但有兩個問題為坊間的書籍所困擾，希望我能解答一下。其中的第一項問題就是有關六壬數有分晝占和夜占的問題，有些書本說應以占斷當時的晝夜來區分，但有些則說以所得「占時」來區分。這位讀者說不同的地區有不同的時差和不同的氣候，並不是各處地方都日出於卯和日落在酉的。那麼應如何去區分晝占和夜占的問題呢？

這個問題問得好，也同時說出了各門術數在不同地域推算時所出現的問題。

舉例來說，如子平命理（按：即俗稱八字），我曾與多位前輩老師談論過這問題，結論認為有些地區出生的人，如赤道以下熱帶地方或再下而至澳洲等地，是無法以「子平命理」來替他們推算命運，雖然同樣可起「四柱八字」，但所得的答案會有極大的差異而毫無準繩度。理由何在呢？子平命理很講究調候，舉例來說，如冬天生人，則是金寒水冷，宜以火來調候等。但在中原地帶的冬天，是每年的十月、十一月和十二月，是寒冷的時候；而在這個時候，在熱帶地方則仍甚溫暖，而在澳洲等地，則更相反為夏天。

這段時間在澳洲出生的人，如日元屬「水」，那麼我們是否仍然可說「冬水寒威凜冽」呢？而事實他出生地的氣候，與中原氣候完全相反，「子平命理」慣用的調候，至此就會出現極大的矛盾。

《滴天髓》云：「天道有寒暖，發育萬物。」寒暖不同，所發育的萬物自亦有異，甚明也！所以說，並非所有的術數，均適用於任何地域，至於紫微斗數與六壬數呢？

偏差甚大

同樣，在赤道以下熱帶地方及再下而至澳洲等地方出生的人，也是無法以紫微斗數來推算他們的命運。雖然與子平命理可起四柱一樣，也可根據他的出生年月日時來起列星盤，但同樣含有很大偏差，甚至準繩度奇低。在這方面我可說有很好的體驗，因為在上述地方出生的人如澳洲等，就有人慕名專程來找我算紫微斗數。結果起列星盤反覆考證之下，發現有很大偏差而無法推算下去。

我替人推算紫微斗數，習慣是先考證一下來算者的出生時間是否準確。在這方面我是配合多門術數一起來做的，有時甚至引用面相學和掌相學。舉例來說，如星盤顯示他是個頗浪費的人，如空劫守福德宮等，那麼他的大拇指一般會是較柔軟的；如女性文昌文曲守命的人，看她面上是否有雀斑或斑痕等；如貪狼星守命的人，毛髮會較濃；破軍星守命的人多是背厚眉寬等。再加上考證一下他的兄弟人數、父母存亡以至結婚年齡及婚姻狀況等，就可知道其出生時間是否準確。

再舉一更實際的例子，如「巨門、天機」在卯宮守命的人，兄弟宮是為貪狼星，適遇兩煞並照，那麼兄弟必少，每在二人之間。而此人之身宮適在財帛宮者，天同是也，那麼此人必是長子。亦有機會是本來不是長子，但其長兄或長姐夭折，而變為長子。

一般來說，經過幾個問題的考證之後，一般都可知來算者的出生時間是否準確。

但在熱帶及澳洲等地出生的人，雖然有準確的出生時間，但仍然無法據上述方法予以確定。理由是紫微斗數出現了偏差？

六壬問題

紫微斗數是以南斗、北斗等星群配合其他星曜的運轉變化，作為一種象徵來推算人的命運歷程。但在澳洲等地，卻是無法看見北斗星。所以，在紫微斗數上北斗星所象徵的影響力，自亦無法出現。因此，我認為無法以紫微斗數為澳洲出生的人推命，其理在此。至於在英國、加拿大及北美等地出生的人又怎樣呢？是否可用紫微斗數為他們推命呢？答案是可以的，我亦曾替在上述地域出生的人算過紫微斗數，亦甚準確。

只是我並不是如某派人士所說，要把當地時間改變為中原時間，我是照原地時間推算的：情況如某派人士說如本宮無星，則把對宮的星搬過來用，這我也不敢同意。因「廟旺利陷」不同也！

至於六壬數，它與占卦相似，同屬問卜，是一種與鬼神溝通的方法，也講觸機。所以，它便不限地域。雖然它亦有五行生剋制化，但只需根據它的方式去操作，自亦有其準繩度。而加拿大讀者 Albert 問晝占與夜占的問題，我自己則是以所得「占時」來區分是晝占還是夜占的，不必管問事時是晝還是夜。所得「占時」為卯辰巳午未申六時者，即為晝占，若得酉戌亥子丑寅六時者即為夜占。

因此，不管在任何地方，縱有時差或氣候不同，對於推算亦無影響。至於這位讀者提出的第一項問題，就是有關晝貴人與夜貴人，坊間書本分為兩派，問我是用哪一派。這問題太專門性，一般讀者未必有興趣知道，所以只能簡單作答。我所用的那一派，是與韋千香及袁樹珊所用相同的。晝貴是甲羊戊庚牛，夜貴是甲牛戊庚羊。

先知境界

至於有讀者問我，在鑽研了多門術數後，覺得哪門術數最有用？同時懂得幾門術數後，會否有互相混淆的問題？

我個人一直認為各門術數各具特殊的功能，很難說哪一門最有用。只是我個人則較偏愛玄空學，認為它可以較為主動地去改變一個人的際遇。

至於紫微斗數，它獨特之處在於可以十分明朗和細緻地去推算一個人的運程。當然能達到甚麼境界，就與推算者的功力甚有關係。

而六壬數，許多人誤解它，以為它不過是一種占卜之術。

其實，如果真正懂得六壬數，它的用途多着呢！許多時使你達到先知的境界。舉例來說，突然有朋友打電話給你，對你訴説一些問題。如果你懂六壬數的話，馬上根據他打電話給你的時間起一課，自然清楚他所説是真是假，以及結局如何。

實際例子如有朋友突然打電話給你，對你説他日前不小心失去了一些首飾，不知落在何方及能否找回。雖然他未有求你占一課或甚至不知你懂六壬數，但你可根據他打電話來的時間起一課，自然知道他的首飾能否找回。

又如有朋友打電話給你，訴説他的女朋友突然失蹤了，不知是否故意躲避他及想與他分手。這時你同樣可根據他打電話來的時間起一課，自然知道他們兩人關係如何、能否復合，以及甚至知道他的女友目前在甚麼地方。

確是一門十分玄妙的術數，而這些是紫微斗數與玄空學都無法做到的。

至於同時懂多門術數會否產生混淆呢？

「祿」未必好

至於同時懂幾門術數，會否產生互相混淆的問題，我個人則認為不單只不會產生混淆，而且有互相輔助解釋一些問題的好處。寫至此想到不久前，有位讀者來信問我，他說他是紫微、破軍同守命宮在丑，子女宮是太陽在戌宮，他是庚年出生的，那麼是太陽化祿了。但目前年過半百，膝下只得一名女兒。他過去曾找人算過紫微斗數，都說他會有出色的兒子，因太陽主男性而且化祿，落在子女宮，自應有傑出的兒子云。不久前，他不服氣，又再去算一次紫微斗數，把自己的疑惑說出來。結果得到的答案是天盤不準，要算地盤云！

我個人是極少天盤、地盤、人盤等去推算的。那位讀者的天盤是否真如所說的「不準」呢？

其實，那位讀者的天盤是準的，亦準確說出了一切，只是過去替他推算紫微斗數的人有所誤解而已。

不少人對紫微斗數的認識，只是停留在化祿就好，化忌就不好的階段。而不知道有些星曜在某些宮度未必適宜化祿。有時甚至可能化忌會更好，這就是層次的問題了！天梁星不太宜化祿，這是許多人都知道的。但太陽在某些宮度同時也是不太宜化祿，所知的人就較少了。舉例來說，太陽在午宮，是為「日麗中天」，那麼庚年出生再化為祿星豈非更好，但太陽化祿的同時，既損其質，更使到夫妻宮天同化忌，便出現了很大的缺陷也！

為甚麼太陽化祿會有損其質的作用呢？因為太陽是主貴不主富的星曜，是故頗有近似天梁的味道，不太宜化祿。守子女宮的問題怎樣呢？

互相解釋

至於太陽化祿在戌宮守子女宮卻無子的問題，如果你同時懂幾門術數，就可獲得互相輔助解釋的好處。

如子平命理（俗稱八字），它就有天乙貴人這一項，其編排據口訣來說是「甲戊庚牛羊，乙己鼠猴鄉、丙丁豬雞位，壬癸兔蛇藏，六辛逢馬虎，此是貴人方」。也就是說甲戊庚以丑未為貴人，乙己以子申為貴人，丙丁以亥酉為貴人，壬癸以卯巳為貴人，而辛則以午寅為貴人。十天干貴人獨欠臨辰戌。

而紫微斗數的天魁與天鉞，意義與子平命理的天乙貴人相同，所履之宮度也一樣，同樣是不臨辰戌這兩個分別稱為「天羅、地網」之宮的。至於六壬數呢？它把辰稱為「天罡」，戌稱為「河魁」。而「天罡」與「河魁」，同樣是貴人不臨之地。

所以，六壬數的貴人如落在地盤之辰戌二宮的話，就稱為「貴人入獄」，有掣肘及不得力之意義。

在這方面，為怕讀者有誤解，可舉一實例以明之。如己未日戌時申將占，夜貴為申，申臨地盤戌位，適好申為貴人，那麼便是「貴人入獄」。而太陽是主貴不主富的星曜，所以同樣不喜臨辰戌二宮。此說一般紫微斗數書籍甚少記載。

太陽臨辰宮名「天爽」，是為日遊龍門，身在旺位問題仍不大。但臨戌宮名為「天樞」，是為失輝的宮度，若於此時化祿，更損其質，守子女宮若再加上三方四正有不利之星曜，則無子並不稀奇也。

但守命宮與其他宮度，又有不同之解說。但不管如何，如同時懂幾門術數，不但不會混淆，而且還有互相輔助解釋的作用。

互相印證

同時懂幾門術數，遇到有某些疑難或問題出現的時候，還有一個好處，就是可以作互相印證之用。舉例來說，如子平命理的天乙貴人，就有些人自作聰明，把「甲戊庚牛羊」改作「甲戊為牛羊」，刪去了庚，然後把庚與辛連在一起，變作「庚辛逢馬虎」不是「六辛逢馬虎」。

他們所持的理論是自以為是的認為每兩個天干用同一組的天乙貴人，所以認為古書所載開始一句的「甲戊庚牛羊」是印錯了的，更有人大放厥詞的「考證」說「甲戊庚牛羊」那個「庚」字是「為」字的誤植云。然後又說後面那句「六辛逢馬虎」中的那個「六」字應為「庚」字云。所以，到現在你還可以偶然的翻到一些近人著作的子平命理書籍，所載的天乙貴人的歌訣是「甲戊為牛羊」，而後一句為「庚辛逢馬虎」的。如果你不懂紫微斗數、六壬數等術數，你可能會覺得上述的言論有理。結果就給他們誤導了！

但當你懂得紫微斗數與六壬數時，在這方面就可以互作印證，從而找出真的答案而知道誰是誰非。當你明白到紫微斗數的天魁、天鉞就是子平命理的天乙貴人時，而天魁、天鉞在年干星系中，遇到甲戊庚時都是丑與未，那麼你就很自然的知道子平命理中的歌訣「甲戊庚牛羊」是對的，而「甲戌為牛羊」是錯的。同樣更清楚的是六壬數也有天乙貴人的歌訣。只是它分有日貴人及夜貴人，但仍是「甲戊庚牛羊」，雖然甲與戊庚所用的日貴人與夜貴人有別，而同用「牛羊」則一。所以，在這方面也可以給你一個很有力的考證，證明「甲戊庚牛羊」是對的。

各具關鍵

對於不同功能的幾門術數，能夠互相引用作為參證之用，主因是雖同一神煞，但各門術數的重視程度不同，因而犯錯機會亦各有不同。

回頭再說「天乙貴人」，這在子平命理中並非絕對重要的，但在六壬數中，它卻是具有關鍵性的一個十分重要的「天將」，為十二天將之首，只要「貴人」的位置錯，則其他十一天將的位置俱錯，斷事自無準繩度可言。由此可見「天乙貴人」在六壬數中所佔位置的重要，與子平命理中的「天乙貴人」不可同日而語。在子平命理中，縱使「貴人」的位置有誤，影響亦不大。故此，它是「六辛逢馬虎」還是「庚辛逢馬虎」，最低限度不至如六壬數那樣足以使全盤數失準！

我認為由於六壬數十分重視「天乙貴人」這天將，所以出錯的機會應較少。反之如子平命理，因「天乙貴人」並非如六壬數那樣是個舉足輕重的神將，自然較易為人疏忽以至有出錯的機會。

雖然，紫微斗數的天魁與天鉞，也非十分重要和舉足輕重的兩個星曜，但也可作為一個參考，與子平命理的天乙貴人互相引證。再如「納音」，一般學子平命理的人都知道「甲子乙丑海中金」或「甲乙錦江煙」的口訣，也知道六十甲子每個天干地支的組合在「納音」是屬甚麼，但同樣它在子平命理中也不是具關鍵性的重要作用。但在紫微斗數呢？「納音」就十分重要了，絕對不能錯，否則紫微斗數就無以定「局數」。「局數」有錯則大限亦隨之而錯，可見它是十分重要和具有關鍵性的作用。這說明不同的術數，所重視的東西不同，亦因而可互作引證。

化忌反吉

至於前文我說「化忌」亦未必不好，那亦是事實。記得我在拙著《紫微新語》中寫過，在「月朗天門」的格局中，太陰在亥宮，遇到化忌反而是「退一步海闊天空」。因為在太陰化忌之時，遷移宮便有天機化祿正照，而官祿宮則有天梁化科與祿存。反而較太陰化祿而致福德宮巨門化忌為佳。

再如貪狼星守寅宮，是為「風流采杖」，一般來說會嗜好較多，如遇煞星拱照，大限不吉，則更易有不良的嗜好。遇到化祿則嗜好更多和更活躍。反而遇「化忌」則雖仍有嗜好，但卻變作多喜體育等有益身心的活動。同時若貪狼在此宮化忌，則財帛宮遇破軍化祿，夫妻宮遇祿存，福德宮的紫微、天相二星便遇到兩祿星拱照。所以，我認為它在此宮是「化忌」反比「化祿」為好。

至如有大富大貴之命，有財帛宮遇到化忌星者，我亦見過。當然它是具有更饒趣味的解釋，而非一般僅知「化祿」就好、「化忌」就不好者所明白。

凡研究「子平命理」的，大多會知道有「張神峰」的病藥之說，那是說「小病而得藥，小富小貴之人；大病而得藥，大富大貴之人；無病而無藥，不富不貴之人。」說得極為有道理，可供鑽研各門術數者再三咀嚼！

說到貪狼星，使我想到一個更妙的個案，可供喜鑽研紫微斗數者參考。

有位朋友，是我最近才認識的，他是貪狼星守命在戌宮。他這人對神秘的事物如算命、風水等甚有興趣，亦甚喜去算命。但每次算命，都給他帶來極大的迷惘，不知道錯在哪裏。

何處出錯？

這位朋友姑名之為B君吧，他個子矮小，瘦削的身形。在一般略懂紫微斗數的人，都會認為他不可能是貪狼在戌宮守命的。

他也曾寄錢給一位在雜誌上刊登廣告的「斗數家」函批。結果，批章第一句說他身材魁梧，便是出錯了。

據估計，該位「斗數家」是以貪狼星在戌宮是為入廟，所以身材應該高大才對。

而一般的斗數書籍或講義，也都說貪狼星入廟則身材肥胖高大，落陷者則形小聲高。

所以B君每次去算紫微斗數，都給他帶來很大的迷惘，因而甚至有人說他的出生時間可能出錯。

直到最近，在偶然的情況下我認識了B君，在他知道我喜研斗數之後，便迫不及待地向我提出上述的問題。他很想知道問題和錯處出在哪裏。

我拿着他給我的星盤看了一會，開始時我也不知問題出在哪裏，B君隨即問我，天盤不準是否要看地盤。

我笑說問題不在這裏。

不一刻，終於給我發現問題出在哪裏了。

在紫微斗數中，有一顆被人稱為乙級星的「天空星」，其實是一顆頗關重要的星曜。在桃花太旺的命盤中，如遇天空星守命，便不但不怕桃花煩擾，相反的更顯其清白貞節，這是許多人知道的。這顆天空星既具返璞歸真的作用，所以貪狼星守命遇到它時，亦不會有不良嗜好，只是對神秘及宿命之事更具興趣，身材亦每多變為矮小。

但天空星的排列，一般書籍所載的方法，所採的派別，我卻認為是錯的。到現在，終於給我找到很好的證據。

謎底解開

近代的紫微斗數書籍或講義，不少對天空星的排列，都是只根據年支而不理會出生的時辰，尤以台灣一派為然！其排列的方法也十分簡單，那就是只根據年支。如子年出生的人，天空星就在丑宮，而丑年出生的人，天空星就在寅宮，也就是說天空星永遠是在出生年年支下一位的宮度。這是今人較多採用對天空星的排列的方法。

但稍為涉獵過紫微斗數古籍的人，都知道古人對天空星的排列，另有一法，那是除了是根據年支——在出生年年支下一位的宮度外，還要順加生時。舉例來說，如甲子年生人，那麼他的天空星在丑宮，但還要順加生時。如果他是午時出生的話，那麼天空星便是在未宮而不是在丑宮了。在香港，以紫微斗數為業或喜鑽研紫微斗數的人，對天空星的排列方法，大概分為兩派，其中一派是不順加生時的，總之子年生人就在丑，丑年生人就在寅，寅年生人就在卯。

而另一派則按照古籍的方法，是要順加生時的，如子年生人，天空星在丑，再看他是甚麼時辰出生，順加推算。據此例，子時出生在原丑宮，丑時出生在寅宮，寅時出生在卯宮，餘此類推。

而兩派之中，可能第一派的方法較簡單，在香港便使用第一派不必順加生時者較多。但問題並不在誰較方便和簡單，而是誰的方法才是正確。

我曾為此而花過長時間的研究和探索，每次看星盤時都特別注意天空星的位置，結果在多個的個案中，我還是覺得「順加生時」者較正確。特別是B君的例子，他就是「順加生時」後有天空星守命，謎底亦由此解開！

「空亡」問題

談過了天空星後，接着使我想到有關「空亡」的問題。

記得在多年前，我曾聽說有一位職業的紫微斗數家，他是有傳徒的，只是他對他的學生說，千萬不可學子平命理，否則會產生混淆而窒礙對紫微斗數的進修。其中有學生在修讀他的紫微斗數班前已學過子平命理的，亦常被他奚落，致使他的學生在他面前絕對不敢提子平命理。

其實這是非常錯誤的一種觀念，亦會因此而故步自封。

各門術數有時具有互相解釋和印證的作用，前文已詳細論及。

至如「空亡」，這是學過子平命理的人都會認識到的，如甲子旬空亡戌亥等。

在紫微斗數中「空亡」有甚麼大的作用呢？

不少人在推算紫微斗數時，偶然會發現某一年，明明是吉星拱照，應是很好的一年才對，但結果那年過去了，只是平平無奇！又如有時覺得某年很差，深懼化忌星的影響，但擔心了一年，到一年過去了，又不見有甚麼大患。

在這種情況下，許多人就會懷疑星盤是否出錯。但鑑諸過去的事和某幾年發生的事，卻又很準，便百思不得其解，亦有人因此認為紫微斗數是「對一半錯一半」！特別是那些喜歡推算至流月及流日那麼細微者。

那麼問題出在哪裏呢？懂子平命理及六壬數的人，就會猜想那可能是「空亡」所造成的問題。

遇到「空亡」的時候，凶不為凶，吉不為吉。紫微斗數偶有看似不甚準確之時，每可在此找到線索。

流日流時

許多初學紫微斗數的人，都喜歡推算流日及流時。

特別是一些喜歡賭錢的人，每每在學懂如何排星盤後，就希望從紫微斗數的星盤中，推算到哪天是賭錢的吉日及良辰，能夠贏錢的，就找朋友打麻將或到澳門去賭幾手。

這些人學紫微斗數，亦最多半途而廢，極少能深入研究。

主要原因是他們學紫微斗數的出發點也是錯的。

至於準繩度呢？開始時可能偶然命中一兩次，到漸漸失靈了，他們對紫微斗數的信心也會隨着動搖，便再沒有興趣繼續深入鑽研了。

姑且不論坊間書籍對推算流日與流時的方法可能有錯，即使所用的方法正確，而用諸靠賭來求財，亦未必得心應手。否則的話，所有懂紫微斗數的人都可靠賭為生，甚麼事也不必做了！

理由是每個人的運道如何，首重大限，次重流年，如果兩者不吉的話，那麼流日與流時再好亦於事無補。

舉例來說，大限與流年均是破財的，而你卻憑選得好的流日與流時去賭錢，次次都贏的話，一年下來，你不但沒有破財，反而得到大財，那麼大限與流年之顯示破財，是否變為失準了呢。

大限與流年可看作是大氣候，流月與流日及流時，只可看作小氣候。

一定要明白的是，大氣候如果不吉，小氣候再好也無用。

情形相等是，你在一個集團裏做事，集團主席不喜歡你，你的上司不喜歡你，只有負責看更的管理員對你很好，試問你能有多大的作為？

第五章

外國風水

接受訪問

人與人之交往，很講緣份。很多人都相信，有緣則聚，無緣則散。不但夫妻如是，朋友也如是！

一九九四年四月初去了一次溫哥華，逗留了數天。阿樂知我到了溫哥華後，來電邀約茶敍，到了約定地點，原來梁玳寧小姐亦在座。

我與梁小姐認識多年，但在港時卻甚少見面，不料到了異邦溫哥華後，卻無意中遇上而來了一次詳談。

當日在座的除梁小姐外，還有岳華、作家林欣、議員詹培忠，以及當地華僑之聲電台的陳志芬小姐等。

阿樂在華僑之聲電台主持一個節目，與往日在《明報》寫的專欄同名，叫做「樂在其中」。過去，我一直喜歡低調，從不願接受任何形式的傳媒訪問。這是我的個性，熟悉我的朋友都知道的。

不料在這次茶敍中，卻給阿樂說服了在他主持的節目中接受訪問。這真正是十分奇怪的機遇，事後我也無法明白為甚麼我會一下子改變了自己的思想。

在該節目中，阿樂問了我很多有關術數的問題，大部份我都在過去我的著述中透露過，只有一點是從未談過的。

阿樂問我溫哥華風水如何？我記得我是這樣說的：「我雖然來過溫哥華多次，但每次都是逗留三兩天，可說來去匆匆，對溫哥華的地勢來龍並無深入研究，所以若就此發表評論的話，會有信口雌黃之嫌。但我每次來溫哥華，都是住在溫哥華的西區，而這區的新建房屋不少。在此，我反而可在這方面提點意見。」

新比舊好

溫哥華的西區，聚居華人不少，其中更多是香港移民，所以該處的風水，頗值一談。溫哥華整個城市，很大部份地方的街道，特別以西區為然，雖是分有東南西北四個坐向，但卻是稍為偏斜的，也就是說如果向北，它不是指南針的零度，而是欠十五度才到零度，是風水學上所說的地元卦。同樣的，向南它不是一百八十度，而是一百六十五度；向西它不是二百七十度，而是二百五十五度；向東也不是九十度，而是七十五度（按：這是溫哥華地區的磁北與正北的差別）。

據此，懂風水學的人都知道，在當年七運期間，上述的線向，最要留心的可算是坐東向西或坐西向東，因為那是坐甲向庚及坐庚向甲，是為上山下水、星辰顛倒全局伏吟之局。

至於坐南向北及坐北向南呢？那是坐丙向壬及坐壬向丙。坐南向北（坐丙向壬），那是雙星到後之局。而坐北向南（坐壬向丙），卻是雙星到向之局。

所以當日阿樂訪問我時，我說在西區建新房子，除了向南的要前面夠空曠之外，其他向北、向西及向東的房子，俱宜屋後多留點空地及建一水池在內，用近似「坐空朝滿」的手法去解決「雙星到後」及「上山下水」的問題。

阿樂隨後不知怎樣問起我有關新開發地的風水是否較好的問題。我認為新開發之地方，每在風水上較為勝算。溫哥華的列治文區是新開發的，華人甚多，當時已很旺。

太舊的地方或屢經戰亂而曾經死過很多人的地方，每有退氣之嫌，是不爭的事實。試看中國古代名都洛陽與長安，怎能與今日沿海的新興城市相比。

舊屋退氣

新地比舊地好，當然也要講究巒頭，如果巒頭不佳，那麼縱使是新開發的地區，如勾搭小地，亦無可取。

記得當日在華僑之聲「樂在其中」的節目裏，陳志英小姐問我，溫哥華開埠亦已有百多年歷史，是否算舊。

其實在歷史的長河裏，百多年只是短時間，應該還不算舊。以香港來說，開埠亦超過百年歷史。

近年我到過不少地方，給我一個很強烈的感覺是，有許多風水本來不弱的城市，但為了某種原因，如具紀念價值或本身的威嚴問題，保留了太多超齡的建築物，以致影響了風水。

亦有在繁華中的城市，新建築物不斷興建，但大家為了標奇立異，出現了太多奇形怪狀的建築物，亦非好事！

當然只保留一兩幢具紀念價值的建築物，或繁華中的都市有一兩幢較古怪的建築物，當無大礙！只是要盡量少才對。如香港的總督府及台灣的總統府，在我個人眼中來看，都是超齡已退氣之建築物。本來就應拆卸重建，使其重旺。但若為了這等建築物具有紀念價值而必須保留，或為威嚴問題而必須繼續使用，那亦應大事重修或增加另一風水較佳之新廈作為輔助之用。（按：通常一般古舊的大廈拆卸重建後，風水數據都會有所改變，如在《術數述異》所提及之曾經大火的嘉利大廈，現在八運期間拆卸重建，則一切都改變了。）

在世界上許多國家的大都市，都免不了有些上述的古舊建築物保留，而溫哥華則似嫌過多。據知單在市區裏，就有多幢超齡的建築物是不許拆卸的。

試想如果香港採取同一政策，舊日中區郵政總局不許拆，就沒有今日的環球大廈；消防局不許拆，就沒有新恆生大廈，這不許拆那不許拆，香港市區能有今日的朝氣嗎？

外國風水

不少人問過我，世界各地的風水，是否有不同的看法？舉例來說看美加等地的風水，與看香港風水，方法是否一樣？特別是我曾寫過在熱帶赤道以下及澳洲等地出生的人，是不能用子平命理或紫微斗數替他們算命的。便有不少朋友問我，那麼風水呢？風水是否會有不同的看法。

我曾經到過加拿大、美國、澳洲、新加坡、曼谷、菲律賓、台灣以至中國大陸許多地方。當地朋友知道我懂風水的，很多時邀我看一下家宅或公司風水。

在美國和加拿大，經過多個個案的證明，是完全一樣的。

在加拿大某埠，我做過這麼的一個個案。一位朋友住在一間七運建成的新房子，是為坐壬向丙的（即坐北向南的地元卦），走巽宮（東南）門，入門後樓梯也在巽宮位置，上樓梯後是主人卧室，卧室又是走巽宮門。

而最重要的是，該屋的東南方（巽宮）為十字馬路，車輛來往頻仍。懂玄空學的朋友自然知道此屋是犯了很重的「鬥牛煞」是為「二三」疊至，必主夫妻或家人不和，腸胃亦不妥。記得當日我把推算所得全部照實對朋友說，而且說此屋若居住超過六個月，必鬧離婚。

結果朋友十分訝異，他住在該處僅三個月，夫妻已經不和，已在醞釀離婚中！朋友問我有何方法解拆，我的答覆是搬家為上策。後來我替他找到一所房子，同是七運建成和坐壬向丙的，但前門走坤宮門，後門走艮宮門，入住後夫妻和好如初，至今恩愛逾恆，可見玄空學在加拿大同具效力。至於澳洲呢？亦有個案可證明。

求丁之屋

在一九九二年壬申年，年中的時候我到過一次澳洲的布里斯本。在當地我認識了一位朋友，姑名之為F君吧。F君夫婦是新移民到布里斯本，正準備買屋長居。

F君夫婦年紀相若，都在三十多歲間，結婚已有八年，但一直無所出。

F君在家裏只有一位哥哥，且年紀比他大許多，但卻仍是王老五，未有結婚。

F君的母親抱孫心切，在這種情況下自然十分心急。

朋友介紹我認識F君後，F君夫婦便問我在求子方面，風水是否會有助力。懂玄空學的讀者，都應知道有些屋是旺丁，有些屋是旺財，當然更有丁財兩旺。

我把實際的情況告訴了F君後，F君便央我替他找一間旺丁的房子，而且他還説明，是否旺財已是次要了，再三説明最重要是能添丁。

我記得當日我想了一會後，我便對他説：「既然如此，何不找塊好風水的地皮，自己興建一間旺丁之屋，『度身訂造』，效果會更好。」他聽我這麼説，也覺得有道理，便託我在布里斯本期間，多點留意有否合適地皮。

結果，皇天不負有心人，F君相熟的一位地產經紀，有一天對F君説，在某小山上，有幾塊地皮出售，但不知風水如何，可以帶他和我去看看。到了小山上，我用羅經測度過，幾塊被馬路分開的地皮，可裁剪為坐酉向卯或坐卯向酉（即坐西向東或坐東向西）。本來在當年七運期間，以坐西向東（坐酉向卯）為佳，零神到向，全局合十。但我想了一會後，卻寧取相反的坐東向西（坐卯向酉）的那塊地皮。

加紫色燈

我決定寧取坐卯向酉（坐東向西），主要原因是巒頭山勢的配合。而且若取坐酉向卯（坐西向東），則設計建成之屋宇甚難取得乾宮（西北）門，那麼在設計旺丁方面會打一折扣。但若取坐卯向酉，則有馬路從坤方（西南）衝來，而且屋的圍牆及汽車入口均可在坤方，那麼在旺丁方面會較有把握。終於我對F君説，這塊坐東向西的地皮可取。並建議他對則師説明，建屋時屋的坐向是取二百七十度正西。

同時我還把其他細節一併告訴他，如樓上主人房取乾宮（西北）門，牀安放在兑（西）

宮，頭靠西而腳朝東。最後連灶位及其他房間及客房的佈置也一一告訴了他。Ｆ君把我對他說的一切重點都記下來，然後對地產經紀說，他決定買下該塊地皮。接着他就去找一位他相熟的則師，要他依據我的方法去設計這間旺丁的風水屋。

則師設計了圖則後，Ｆ君拿來給我看，並對我說，依則師的測量，如果依該處地形建築，不故意扭歪的話，那麼應該是二百七十一度。問我是否一定要在二百七十度上，如果要的話，那麼就要略為拉過一點點。我對他說，不必了，二百七十一度同樣可用。只要不超過三度就行。

結果過了數月，該屋建成了，兩層高，花園大閘及汽車入口在坤宮，屋的正門則在兌宮，主人房在樓上，開乾宮門，牀在兌宮，一切都依照我原來教他的方法去做。到Ｆ君入伙時，我再教他在大閘入口旁邊草地上加一紫燈，懂玄空學的讀者，當知道為甚麼要這樣做。結果，Ｆ君夫婦入伙後僅三個月左右時間，已經有效應了。

消除疑惑

F君入住該屋兩個月內，漸漸覺得來訪的朋友及親戚比以前多，F君因此亦認定此屋是旺丁的，不然不會有這現象。

到住了約四個月，F君的太太覺得自己身體有變，便到醫生處去檢驗。所得結果使到F君大喜若狂，原來他的太太果真懷孕了。

再過一段時間，F君太太再去檢查，醫生告訴她懷的是雙胞胎，更使他夫婦倆驚喜。

F君太太移民澳洲後，初期為了消除寂寞，協助朋友經營一檔首飾店。到F君知道太太懷孕後，便要太太立即辭去該職務，全心在家養胎。到一九九三年年底，F君太太順產，果然一舉而得兩名孖生兒子。

這是個千真萬確的個案。我舉此個案為例，是證明在澳洲這個冷暖與中國相反的地方，風水的看法卻是一樣的。同樣，我也到過澳洲的柏斯，也做過一些成功的個案，所以我認為風水的看法，是不必分地域的。

因為澳洲的布里斯本與柏斯，分處東西兩岸，但以玄空學的方法斷其風水的吉凶，同具一定的準繩度。

而F君的個案，其實是一個很好的明證。因為當日我取坐卯向酉的地皮，在設計花園入口的大閘及汽車的通道上，若以一般而言，必取乾宮門（西北），蓋取向星之八也。但F君說明最重要是求丁，那麼只有棄乾宮門而取坤宮（西南）門，取山星之八也。

但坤宮飛星是三八，雖云隔五有情，但始終有木剋土之憂，故加一紫燈化去三碧及再加強八白之氣，果然有效。便證明澳洲風水的看法與中原一樣，足以消除不少人心中的疑惑！

第六章
無緣奈何

必須有緣

我多次到外國旅行，在很偶然的機會下認識了一些朋友，其中不少更在知道我懂風水之後，力邀我替他們的住宅或公司看風水。

對於這些朋友來說，我便覺得很有緣。而其中有些頗成功的個案，在我有空時回想起來，更感覺到似有天意存在焉！如果無緣的話，不要說遠在異國，就算是同在香港，有朋友力薦介紹，你也答應了替他看風水，但結果也會橫生枝節，以致你始終無法替他看風水的。我曾經問過幾位風水名家，他們都曾有同樣的體驗，以致這等事情並非絕無僅有！

我自己就曾經遭遇這樣的個案。

大概在一九九〇年期間，有一位經營製衣廠的朋友，姑名之為小胡吧，他很信風水，亦很信我。他工廠的風水就是我看的。

當年他的生意很好，工廠地方不夠用。剛好隔壁一間同是製衣廠搬遷，他便急急把它的地方租下來，然後叫我去看看風水如何和怎樣設計。在我去看的時候，剛好那間正在搬遷的製衣廠的老闆也在那裏，因為鄰廠的關係，小胡是認識他的。經過介紹後，我知道那老闆姓李，便以李老闆稱之。

該工廠大廈是六運坐午向子（坐南向北）的，朋友小胡的單位開艮宮門，生意不弱。但李老闆的單位，則為開離宮門，到七運成為退氣之門，是故生意不前，要搬去較小的單位以減輕皮費。結果我教小胡租下李老闆的單位後，把大門改在坤宮。

在我全神在看該廠風水之時，小胡輕聲對李老闆說了幾句話，只見李老闆點點頭，表示同意。

約好時間

原來小胡是要李老闆請我替他的新廠看風水，他對李老闆說：「風水之事不可不信，你這裏的舊廠生意不前，依我觀察是極可能由於開錯門所致。否則的話，我現在接手下來，他也不會要我改門！」說完便望着我。

李老闆聽小胡這麼說，也覺得有點道理，不斷在點頭，小胡繼續說：「所以你現今搬去新廠，地方雖然較小和皮費較輕，但也宜看看在風水上是否有出錯的地方，如有則可從速改善。」李老闆聽小胡説完這番話後，便低頭輕聲對小胡説了幾句話，只見小胡連聲説：「好好，我就替你説説吧。」接着小胡就走到我面前，對我説李老闆希望我能替他的新廠看看風水。在小胡與我説話的時候，李老闆也有點心急，也不等小胡説完，便跑到我面前來，表現得很誠意的對我説，希望我無論如何不要推卻他。終於我答應了李老闆替他行將搬去的新廠址看風水。李老闆拿了本日記簿出來，鄭重寫下了我們約定的日期和時間。記憶所及當天是星期三，我與李老闆相約看風水的日期是下週四。大家分手後，轉眼過了一個星期，到了下週三，我忽然接到李老闆的電話，他在電話裏説十分抱歉，因為有很重要的事情要趕去菲律賓，所以明天看風水之約不得不取消，希望我不要介意，另約日期。我在電話裏對李老闆説：「不要緊，你回來再打電話給我約時間便是。」但李老闆顯得有點不放心的説：「現在我們就約定時間不是更好嗎？」我説：「不必了，總之你回來給我電話，我一定會給你時間。」過了五天，李老闆回來了。

天色驟變

李老闆果也打電話給我再約時間，他並且在電話裏對上次之因事改期而再三致歉。結果，我們再約下週四，他並且問了我的地址，説到時開車來接我。

我對他説不必來接我，我到時會依址前來。他還怕我忘記了他的地址，在電話裏又複述一次。

從他再打電話來約我和在電話裏説話的表現，我也知道他很誠懇和真的很想我替他的新廠看一下風水的。

但世事有時真的很難預料。結果我們約定了週四，但到週三上午，我又接到李老闆的電話，他在電話裏表示很難為情，然後十分不好意思的説，他明天因為有點十分重要的事，必須趕去大陸，所以明午約定看風水之事又要取消，他又再三致歉並説希望我不要介意和不要怪他。

他最後在電話裏説，他這次去大陸，大概逗留一週的時間左右，回來會馬上打電話給我再約時間。

他接着又很關心似的問我最近會不會有遠行？我說不會，然後他似很放心地收線。

轉眼過了一週，李老闆果真是信人，他剛回來便打電話給我，念念不忘看風水之事。結果我們又約定了下週日，他說那天因為是假期，他會開車來接我。

一切約好後轉眼到了下週日，我們約定的時間是下午三時他開車來接我。

當日上午陽光普照，他打電話給我說會依時來接我。我心想這次一定不會橫生枝節了。到中午正準備把羅經放入手提包時，忽然天色驟變。

無緣奈何

突然間天昏地暗，隨着傾盆大雨，雖然在白晝時間卻似在黑夜。雨勢持續了差不多一個小時，看天色絕不似會在短時間內轉晴的。

快到約定的時間了，李老闆打電話給我，問我天氣如此惡劣的情況下能否看風水。我對李老闆說，如果是中區或灣仔一些我熟悉的大廈，不必看巒頭而只需看室內情況和理氣就夠的，那還可以。但他的新廠址的地方是我以前未看過的，所以在如此惡劣的天氣下，就不能看了！

他聽我說完後表現得不知如何是好。終於還是我對他說，我們再改期吧！

從他回答我的語氣知道他實在很不願意，便卻是十分無可奈何之事。

而情況也確實有點邪門，李老闆收線後不久，雨勢漸歇，到黃昏時間天色卻轉好了。經過了三次的約定時間而到時都要取消，我心想我與李老闆真的可能無緣。所以縱使他很想我替他的新廠看一次風水，而都接二連三的橫生枝節。特別是第三次，確是人算不如天算。上午天氣還好好的，到下午天色驟變和下傾盆大雨。我雖然喜研術數，但不是一個很迷信的人，但遇到這種情況，也不由我不產生一種「天意」的念頭。覺得冥冥中有一種潛在力量去阻攔我替李老闆看風水。心想如果天意確是如此，自己便不應勉強去從事。

到翌日，天氣十分良好，正是風和日麗。上午我在家早餐讀報之時，李老闆便又打電話來，說希望和我再約時間替他的新廠看風水。

我想到既與他無緣，亦似冥冥中暗示我不應出手替他看風水，便向他作了一項建議和解釋。

婉言相拒

我婉言向李老闆解釋說：「人與人之間有時是很講緣份，我覺得我們約會再三，結果都因事而阻延。到確定下來，又遇到天氣的影響而再改期。所以，我認為我們似欠點緣份……」我不敢提「天意」這字眼，是怕影響他的心理，故一直只有強調「緣份」這回事。

最後我對他說：「凡事不可強求，因為縱使強求得到亦未必好，所以，閣下的新廠，我看還是另請高明為妙。因為如堅持由我去看，而我本無此緣份的，亦未必能做得好！」

他默然了一刻然後在電話上說：「那麼你建議我找誰人去看最好呢？」

我立即很快的回答他說：「我看我不便介紹，還是你自己決定較好。」

隨着李老闆說：「我有一位堂兄弟，十分喜歡研究術數，最近更到一位公開招生的『風水家』那裏學風水，學了多月，已經畢業。如果我找我的堂兄弟替我的新廠看風水，你認為行嗎？」

在這種情況之下，我只有支吾以對。因為我實在不知道他的堂兄弟學了風水多月後成績如何，所以不便贊成亦不便反對。

可能我真的與李老闆沒有緣份，而自此之後李老闆亦沒有再找我。而他的新廠生意如何，我亦不知道。

這是個很真實的個案。我在這個案發生後不久，有一次與幾名風水名家茶敍時談起此事，不料他們都說曾遭遇過相似的個案，亦云奇矣。果真有「天意」這回事乎？讀者可自行加以判斷！

至於算命，我同樣聽過一個近似上述情況的故事。既帶點「天意」，亦似注定。

算命故事

話說在很多年前，某地出現一位神算子，姑名之為老唐吧。他既有功力及加上走運，替人客推算命運，無論是過去與未來之事，都能準確無訛，因此名氣甚響。他收取的潤金，雖較同行一般的職業手為貴，但仍門庭如市，而且必須預約。

一位名叫素素的女孩子，年紀約在二十三、四歲間，讀完了專科學校出來做事大概有兩年左右。她身材高䠖，樣貌娟好，因此追求者甚眾，只是無一合她心意者。一次在舊同學聚會中，她聽到有人説神算子算命奇準，連丈夫的生肖也可算出來，這下子就最引起了素素的興趣。

其中一位同學名字叫阿冰的，揚言與神算子很熟，曾經介紹過很多人去神算子那裏算命，事後都豎起拇指説神算子了得！素素從未算過命，聽阿冰説得神算子如生神仙似的，為了好奇，便央阿冰代她約神算子算命。

素素同時對阿冰説，她每天下午五時便下班，如果能代她約神算子算命的話，最好是在下午五時後。

阿冰果也不負素素所託，翌日立即代她約好了神算子，打電話給素素説是約了下週五的下午六時。

素素連聲謝謝後，更表示到時會準時前去。

此故事與我前述李老闆的看風水的個案很相似，結果是一再因事推延。雖然推延的原因不同，但始終無緣推算。李老闆的個案是他後來另找他的堂兄弟看風水，後果如何不知。但素素後來另找一庸手推算，卻因此而使人覺得一切事情似有「天意」。素素的遭遇後來發現與其斗數的星盤十分巧合，實在匪夷所思。

一再失約

素素約神算子算命，同樣是約了三次也無法實現和每次都是到期時因事取消！而且每次取消都非素素所願的，只是迫於無奈而已。

第一次是同學阿冰代她約的，素素當時十分高興，並說到時一定準時前去。不料，到約定時間那天卻遇到颱風，結果只好取消。

據說第二次是阿冰要素素自己打電話去約時間。結果雖然約好了時間，但到約定時間的那天，素素的母親因急病入院，結果又是無法算命。

到第三次，據說是到約定時間那天，素素卻是自己患病，又屙又嘔，又是被迫取消算命之約。

經歷了三次約定時間而到期時又取消，素素自己也不好意思再去約神算子。但素素還是念念不忘的想算一次命，她最想知道的，是將來自己丈夫的生肖和將來的婚姻生活怎樣。

對算命之事，素素知道阿冰知得比她多，便想到何不去找阿冰談談。

一天，素素在將要下班時打電話給阿冰，約她晚上到某酒店的咖啡室一聚。阿冰欣然答應。到晚上，阿冰依約前往。

兩人在咖啡室裏談笑甚歡。終於，話題談到算命，素素問阿冰說：「你真的相信算命這玩意嗎？它真的可算到丈夫的生肖的嗎？」

阿冰說：「怎麼說它是玩意，它真的很準確的呢？我還未有男朋友時，就已算出我不久會有男朋友。算命說我丈夫肖牛，我雖未結婚，還未能確定，但我現在的男朋友是肖牛的。」

素素聽阿冰這麼說，更為心動。

介紹術士

素素對阿冰說：「對算命之事，你真的知得比我多，你算過很多次命嗎？」

阿冰對算命之事，其實所知甚少。最低限度她不知道其中高手與庸手分別甚大。

阿冰點點頭對素素說：「其實我只算過兩次命，推算所得結果都差不多！」

而事實在阿冰的兩次算命中，一次是由神算子推算，可算準確。而另一次則由一名江湖術士推算，除了套得口供者準確外，其他都是些滑頭說話。而阿冰被騙了仍懵然不知！

素素終於坦白的對阿冰說：「我實在也很想算一次命，只是我和神算子約了三次。但每次都因事而延阻，結果至今都無法得到神算子為我算一次命。」素素說到這裏，稍為頓一頓，喝口茶，正想再繼續說下去，阿冰立即自作聰明的說：「你是想我再代你約神算子嗎？」

素素說：「我實在不好意思再約神算子，只是想你介紹另一位算命先生給我。」

素素因從未算過命，還以為任何人推算也是一樣的。所以她才會決意不找神算子而要阿冰另外介紹算命先生給她。阿冰對素素也算熱心，毫不猶豫的說：「好吧，那麼我介紹一位綽號『小靈鬼』的算命先生給你，我算過也是很靈的！」

「小靈鬼」其實是一名標準的江湖術士，只是阿冰無知，「小靈鬼」在開始為阿冰推算前，不斷的向阿冰套取「資料」，而阿冰仍懵然不覺。到推算時，見所算過去這事準確，還以為是「小靈鬼」推算所得的結果！事後還替「小靈鬼」宣傳和介紹。

素素不知就裏，聽阿冰說「小靈鬼」也很靈，滿心歡喜，便託阿冰代約時間。

套取「口供」

這次阿冰代素素約「小靈鬼」算命，卻比約神算子順利得多。

阿冰約好時間後，便通知素素，而素素亦依時前往。

當日約的時間是下午六時半，素素下班後便乘的士直到「小靈鬼」的相命館去。

「小靈鬼」的相命館是在一條熱鬧街道其中一座多層大廈的樓上，「小靈鬼」只租用了一個小單位，掛個小招牌便開業。

素素到達該單位後，輕按一下門鈴，不久就見一個身材矮小、面色黝黑、年紀看來有五十餘歲的中年男子出來應門。

素素道明來意後，那名男子便開門延素素入內，示意素素坐在一張辦公桌前。

跟着那名男子打開放在客廳上的雪櫃，取出一瓶汽水，然後回到辦公桌後坐下。

素素望望客廳四周，見十分簡陋，只有幾張殘舊的椅子，牆上貼些揮春和掛着一個百貨公司送的月曆。辦公桌上放的東西也很淩亂，一些算命的書籍及萬年曆等東歪西倒地放在桌上。

從環境來看，已知此屋的主人做事疏忽大意及沒有規律！

那男子拿起一隻水杯，倒滿汽水，遞給素素，然後再把剩餘的倒在自己茶杯上。

接着他遞給素素一張名片及作自我介紹，其實他不用自我介紹素素也知道他就是「小靈鬼」。

「小靈鬼」一邊執拾桌面上凌亂的東西，一邊像閒談式地問素素道：「你的兄弟姊妹都來我這裏算過命嗎？」

這句看似輕描淡寫的說話，其實是在套素素的家庭狀況資料手法之一。

素素從沒算命經驗，自然中計。

不打自招

素素既無防範之心，自然有問必答，素素回答「小靈鬼」說：「我只有一名姐姐，但她沒有來這裏算過命。」

「小靈鬼」在打開抽屜拿出幾本像是記事簿的東西出來，繼續問素素道：「那麼是誰介紹你來算命的呢？」

素素答得很快，是一位叫阿冰的同學介紹她的。

「小靈鬼」哦的一聲，接着又問：「你怎麼知道你姐姐沒有來算過命呢？」

素素很天真的答道：「我姐姐與我很談得來，她如果來過這裏算命，她一定會告訴我的。」

「小靈鬼」又問道：「你姐姐的樣貌與你很相似嗎？」

素素答道：「她比我大兩歲，樣貌不很相似，但我們感情很好。」

「小靈鬼」這時在揭開一本記事簿，一邊揭又一邊問素素道：「你這次來算命，你爸爸知道嗎？」

素素很率直的答道：「不知道。」

「小靈鬼」又問道：「你為甚麼不告訴他呢？」

素素完全不察覺「小靈鬼」不斷在套她的家庭狀況「資料」，隨口答「小靈鬼」道：「我爸爸不是與我們同住的。」「小靈鬼」哦的一聲，然後又問道：「你媽媽完全負起照顧你們兩姐妹的責任了，也真偉大。」

素素見「小靈鬼」讚她的媽媽偉大，心裏高興。

「小靈鬼」又再問素素道：「你爸爸的年紀比你媽媽大許多吧？」

素素隨即答道：「不，我爸爸只比媽媽大兩歲，他今年才五十二歲吧！」

「小靈鬼」在記事簿上記下一些記號，然後以一本正經、十分嚴肅的樣子對素素解說一些算命程序。

故弄玄虛

「小靈鬼」很認真地對素素說：「算命必須有準確的出生時間，然後能準確算出一生的運程，你知你的出生時間是準確的嗎？」

素素把自己出生的時間告訴了「小靈鬼」，並說這是媽媽告訴她的，應該是準確的，不會錯的。隨着「小靈鬼」又對素素說：「除了出生的年月日時要準確外，還有每個時辰又再分為八刻，每刻又分為十五分，也就是說同一個時辰出生的人，可以有一百二十個不同的運程組合。你知道你是哪一刻哪一分出生的嗎？」素素搖搖頭說：「我只知道是下午四時左右出生，至於是哪一刻和哪一分我就不知道了。」「小靈鬼」隨即很有把握地說：「那不要緊，我會有辦法找出你是哪一刻哪一分出生的。」「小靈鬼」喝了口汽水，然後拿出一個算盤出來，再把十二本淺啡色皮的書放在素素面前，然後對素素說：「這十二本書上共有一萬二千條條文，都註有號碼的。我用算盤計算出號碼後，你就在書上找條文來看，對的就對我說對，錯的就說是錯好了。」「小靈鬼」反覆撥弄算盤，故弄玄虛，好一會才打出一個號碼，然後對素素說：「六千五百三十三，你查查看。」素素逐頁在書上找，終於找到了。「小靈鬼」要她讀出來，素素唸道：「四十七、八歲：洛陽三月景色光，滿目繁華應接忙。」素素唸罷，露出疑惑不解的神情。她當然不知道這是江湖上所稱的「帶人客去遊花園」，意思是先行天南地北不着邊際地打出一些似是而非的條文，既可有試探作用亦可消除一些人客半信半疑，使他們確信以後出現的條文，是經過千頭萬緒計算出來的！

盡在兜圈

「小靈鬼」在這方面經驗豐富，他亦早已猜到素素會怎樣問他。

果然，素素對「小靈鬼」說：「四十七、八歲之事，我怎麼知道是對還是不對？」

「小靈鬼」早知素素必有此問，便好整以暇的答道：「對不對不要緊，反正現在是測試你是哪一刻和哪一分出生的！」素素點點頭，沒有說話。

「小靈鬼」又低頭撥弄算盤，只見他把算珠撥上撥下，也不知他是在計算加還是減。好一會，「小靈鬼」又打出一個號碼，依然是帶素素去「遊花園」，他高聲對素素說：「八千一百九十七。」

素素低頭逐頁揭書翻查條文，終於找到了，但素素同樣露出疑惑不解的神色。

「小靈鬼」在這方面甚有經驗，知道一般人客必有這種反應，素素當然亦不免。他對素素說：「對不對不要緊，你把條文讀出來聽聽。」

素素輕聲的把條文讀出來，內容是「三十一、二歲：雨沾春色園林茂，月佈秋天宇宙清。」

素素讀畢，對「小靈鬼」說：「這條文我也不知道是對還是不對。」

「小靈鬼」笑笑道：「不要緊的，再查下去就是了。」「小靈鬼」又在低頭撥弄算盤，同樣是把算珠撥上所下。好一會，又打出一個號碼，高聲對素素說：「三千九百八十三。」

素素又逐頁的在書上找，終於找到了。「小靈鬼」又是要她讀出來，素素唸道：「四歲：花蕊放紅，怎堪風雨。」素素顯得有點不明白，問「小靈鬼」道：「這條文是甚麼意思？」「小靈鬼」出此條文，其實是早有預謀的，是在試探素素的童年情況，但素素問他時他卻假作在思考。

反覆刺探

「小靈鬼」作狀思考了一會後便對素素說：「這條文是說你四歲時，曾經大病一場或遭遇過一次大意外，是對呢還是錯呢？」

素素道：「我童年健康還算過得去，只是曾跌傷過幾次。我的左手是受過重傷斷過，再經手術接回的。」

「小靈鬼」點點頭，心裏滿意自己的「功夫」，一下子便刺探出素素童年的健康情況。接着「小靈鬼」很快便又打出另一號碼，高聲對素素說：「四千二百三十七。」

素素迅速地從書中翻查到該條文，也不待「小靈鬼」說話，便把條文唸出來，「姐作商人婦，妹嫁入侯門。」

素素唸完該條文後隨即說：「我姊妹兩人尚未結婚，所以同樣不知這條文是對還是錯！」

「小靈鬼」點頭笑笑，心裏很滿意這條文一下子便刺探出她們姊妹兩人是尚未結婚的。「小靈鬼」一邊撥弄算盤，一邊思維下一條文。他有點猶豫，但終於打出一個號碼然後對素素說：「八千九百七十二。」

素素翻查條文，唸出來是：「母大二十七歲，數也不差。」

其實「小靈鬼」出這條文是十分笨拙的，只不過「小靈鬼」功力有限，為求保險，便硬着頭皮打出這條文。

素素在心算，終於對「小靈鬼」說：「對的，我媽媽是比我大二十七歲。」至此，素素已在不知不覺中吐露了許多本身的家庭狀況和一些「資料」，「小靈鬼」本來已可不必再查下去。

但「小靈鬼」到底是功力低，還再打一個號碼出來，然後對素素說，如果這條文對就不必再查下去，可以直接推算了！

再查母姓

「小靈鬼」指着算盤對素素説：「六千二百八十，你查查看。」素素依言去翻書，逐頁逐頁的去查，終於給她找到了。

素素找到此條文，心中輕唸一遍，面露一點訝異之色。「小靈鬼」其實是早知這條文是甚麼，但卻仍假惺惺地對素素説：「你把這條文唸出來聽聽。」

素素如言的唸出該條文，是：「父母離異，方合此刻。」

「小靈鬼」故意問素素説：「這條文對不對呢？」

素素點點頭答道：「對，我父母是早已離婚了的。」

其實「小靈鬼」如果有功力的話，是不必出這條文的。因為較早時素素已透露了她的爸爸不是與她同住，而「小靈鬼」再讚她媽媽偉大，負責照顧她姊妹倆，而素素也接受，憑此點已可猜到素素父母應是已離異。當然，有功夫的話，從素素的八字已可看出端倪，不必三番四次去考問，到最後還要出一條「父母離異，方合此刻」的條文去加以證實。在「小靈鬼」的心中，當然認為如打出這條文，由素素親口去説是對的，那麼就保險許多。

「小靈鬼」至此，本來已可順利打出有關素素的六親情況的各條文，但「小靈鬼」還想再賣弄一下，便在抽屜裏拿出一本記事簿遞給素素，對素素說：「這是『刻分簿』，你看看哪一分有你媽媽的姓，你便告訴我那一分便是，如果某兩處同時出現，你也要告訴我。」

素素依言的去翻那「刻分簿」，只見每一分都列有多個姓氏。素素全翻過後，便對「小靈鬼」說：「在第二分及第六分都有我媽媽的姓。」

「小靈鬼」滿心歡喜地道：「現在我們可以開始算了。」

暗暗吃驚

「小靈鬼」再在抽屜裏拿出一張白紙出來，遞給素素說：「我打出號碼，你就去翻查條文，查到後唸出來和寫在紙上，只要連接八條中，那就夠了，然後你可以回去，到下週來取批章。」

素素點點頭表示明白。

「小靈鬼」開始打算盤，每打一個號碼出來就叫素素去查條文。

由於素素對算命並無經驗，不知道自己其實已把許多資料告訴「小靈鬼」。所以，查到條文與自己有情況十分吻合時，心中暗暗吃驚。

好一會，素素已得條文如下：

父母離異，方合此刻。
父命犬年生。
母命鼠年生。
姊妹二人我居幼。
姊屬鼠。
為人仁慈，埋蛇取義。
一手受傷，是為前定。
一字記之曰周，深恩難忘。

最後的一條條文，使素素驚訝不已，因為她的母親就是姓「周」。

素素驚訝的表情，「小靈鬼」完全看在眼裏，而「小靈鬼」還故意問素素說：「都對了吧？」

素素點點頭，表示都對。

然後「小靈鬼」對素素說：「你下週五可來取批章，是批一生的運程。」

素素表示謝意正準備離去，但忽然想到自己這次來算命，最大的目的就是要看看自己何時結婚和丈夫的生肖是屬甚麼的。她帶點靦覥的表情對「小靈鬼」說：「我父母的生肖都算得很準，只是下週我來取的批章中，不知有沒有我未來丈夫的生肖。」

「小靈鬼」硬着頭皮答道：「有的，有的！」

夜讀批章

素素滿懷希望的離去，她完全不知道「小靈鬼」之算出她父母的生肖，其實是她自己透露給小靈鬼知道。至於她母親姓周，則是在看刻分簿時，素素說第二分和第六分有她母親的姓，小靈鬼就利用這種「淘沙見金」的方法知道素素的母親是姓周。但「小靈鬼」十分聰明，並不直接的說出她的母親姓周，而只出「一字記之曰周，深恩難忘」這條文。素素完全不知道自己被套口供，還以為「小靈鬼」真有本領。因此當阿冰問她算命算得怎樣時，她還讚「小靈鬼」真的很靈！轉眼過了一週，素素依約定的時間到「小靈鬼」那裏去取批章，而「小靈鬼」也真的依時批好等待素素去取。

素素取得批章後，便急不及待地立即打開來看，只見批章前面的八句，是與上次推算出來的完全一樣。但後面卻多了數十條條文。

素素無暇逐條去細看，只是急於去看是否有批未來丈夫的生肖。見到其中有一條條文是「配夫屬雞，姻緣注定」，便急急把批章放入手提包裏，向「小靈鬼」謝過便急急趕回家去，準備晚飯過後躲在卧室裏逐條細讀。

當夜，素素真的挑燈夜讀批章，除了當日她見過的八條批文外，接着的是：

能克己處且克己，可饒人處且饒人。

一字記之曰蛇，不得不防。

一字記之曰五，居之無益。

一字記之曰冰，義比金蘭。
財來財去，早歲難聚。
婚宜遲遲乃堪配，若早配時定剋傷。
配夫屬雞，姻緣注定。

素素讀至此，輕輕的嘆了口氣！隨即心中有一個疑問。

遲婚標準

由於批章並沒有註明素素的結婚年齡，只說「婚宜遲遲乃堪配」，素素在想，到底多少歲結婚才算遲婚呢？

當夜素素輾轉反側，一夜無眠。想到批章中那句「配夫屬雞，姻緣注定」，便在猜測追求自己的男朋友中，有哪幾人可能是生肖屬雞的。素素又在想，肖雞的比自己大多少歲呢？由於素素連十二生肖的排列也不熟悉，所以無法計算到底肖雞的會比自己大多少歲。

這兩個問題盤旋在素素的心中，使到素素更難入寐。

翌日，素素上班後也無心工作，暗中打電話去給「小靈鬼」。主要是問「小靈鬼」兩個問題，第一是多少歲結婚才算遲婚，第二肖雞的比自己大多少歲。

「小靈鬼」在電話裏答素素道：「通常女子逾二十八歲結婚便算遲婚了，因為在古時，女子十八歲已是適婚年齡，而二十八歲是超逾適婚年齡十年，所以算是遲婚了。」

這是「小靈鬼」自己所訂的所謂遲婚標準，而素素聽來也覺得很有道理。

隨即素素又問「小靈鬼」道：「肖雞的比我大多少歲呢？」「小靈鬼」稍一思索便在電話裏繼續答素素道：「肖雞的應比你大六歲，但每十二年便有一年是雞年，所以也可以比你大十八歲的。」

素素聽到大十八歲，心中不免吃了一驚，當下立即問「小靈鬼」道：「你看我未來丈夫有可能比我大十八歲嗎？」

「小靈鬼」馬上安慰道：「從你的八字來看，不大可能大十八歲，所以應該是大六歲的。」

素素至此才好像鬆了一口氣似的，收線後，素素心裏便有了計劃。

江湖條文

素素完全不知道「小靈鬼」的批章，六親部份是靠套口供得來，而結婚年齡他亦不敢註明，只說「婚宜遲遲乃堪配」。至於說她配夫肖雞，是因為素素曾提出想知道配夫生肖的要求，他才不得不硬着頭皮寫上去。

至於其他的條文，都是些無關痛癢、江湖口吻，絕不會錯到哪裏去的。如：二十三、四歲：寒暖其常，小處不免；二十五、六歲：春風乍暖，柳眼初舒；二十七、八歲：再養浩然之氣，且加克己之功；二十九、三十歲：喜而不喜，之中防否；三十一、二歲：人閒心不閒，有事來相關；三十三、四歲：得過且過，莫急其功；三十五、六歲：知進知退，可保無憂。

全篇批章，大部份條文與以上相似，可說毫無價值。但素素因為六親方面準確，以及主要希望知道自己婚姻情況，所以對流年運程的批註，儘管是些含糊的語句，她已無心去計較。如「得過且過，莫急其功」和「知進知退，可保無憂」這兩條條文，是任何時間用，都不會錯的。批到晚年時，加一句「一飲一食，必須配合體質」，就更為「江湖」矣！

素素雖然把批章條文全部看了數遍，但銘記在心的就只有一條條文，那就是「配夫屬雞，姻緣注定」。

而此次算命之後，素素心中有了計劃和打算，既然命中注定遲婚，那麼就不要太早談戀愛。而「真命天子」既然是肖雞的，那麼以後追求自己的男友，不妨設法查一下他們的生肖，如非肖雞的，那就不必費神與他們來往。轉眼過了十多年，素素年近四十，仍是小姑獨處。不幸這時才發現命中原來另有故事！

嫁杳無期

在過去十多年中，追求素素者大不乏人。開始的時候，素素還年輕，心中惦記着「婚宜遲遲乃堪配」。所以，多被拒於門外！

到後來，素素覺得該是認識男朋友的時候了，便在追求者中找尋生肖屬雞者。可是，追求她的男朋友雖有好幾個，卻無一是生肖屬雞者。結果也為素素冷落。

終於，素素就被「小靈鬼」批章上的兩條條文所累，其一是「婚宜遲遲乃堪配」，另一條是「配夫屬雞，姻緣注定」。

到素素年近四十，過去追求過她的男子大都已婚了，而素素卻仍是嫁杳無期。但當日介紹她去算命的女朋友阿冰，則已如命書所說，嫁了肖牛的丈夫。

素素心中十分不服氣，她不知道神算子與「小靈鬼」兩人功力有很大距離。只道阿冰既準，則自己沒理由不準的！素素就是在這樣的心態下等待肖雞的丈夫出現，結果年復一年，終致摽梅已過，而仍然沒有半點可在短期結婚的跡象。

直到有一天，素素參加一個宴會，湊巧的與神算子老唐同席。同席各人因有神算子在場，自然話題都集中在命相風水等題材上。

素素自多年前給「小靈鬼」算過命後，一直在等屬雞的丈夫出現。到現在失望了，自然覺得算命這玩意是「靈前不靈後」。

現在既有命相名家在前，素素自很想問他一些問題，以解自己心中的疑惑。但素素這回卻學乖了，她並沒有對神算子說當年曾多次約他算命而不果。而且撒個謊對神算子說，她有一個表姊，逾齡而仍未結婚，現居美國，不知能否為她算一算！

撒謊掩飾

神算子過去既從未見過素素，亦不知道素素曾約他算命而不果。但神算子對素素似乎很有好感，他對素素說：「算命必須有出生的準確時辰，然後能準確的推算，你知道你表姊的出生時間嗎？」

素素故意的說：「我姑媽與我們同住，我回去問問她就知道的了。」

素素這樣說，目的是不想神算子有所懷疑，要神算子相信她的確是為表姊算命。

神算子見素素這麼說，便從袋裏掏出一張名片遞給素素，微笑和很友善的對素素說：「如果你只想知道你表姊的婚姻的問題，那麼你明天打個電話給我，把她的出生時間告訴我就可以了。」

素素連聲謝謝的收起了神算子的名片。翌日早上，素素已急下及待的打電話給神算子，並撒個謊說問過姑媽取得表姊的出生時間。

神算子在電話裏記錄起素素所說的出生時間後，便對素素說：「你半小時後再打電話給我，我可以給你一個答案。」

過了半小時後，素素如言的打電話給神算子。

神算子在電話上對素素說：「我先想問你兩個問題，看你表姊的出生時間是否準確，然後我才把結論告訴你。」

素素連聲說：「好的，好的。」

神算子問：「你表姊的父母是離異了的，對嗎？」

素素忙說：「對的。」

接着神算子又問：「你表姊並無兄弟的，對嗎？」

素素說：「對的，她只有一位姊姊，無兄弟。」

結果，神算子給素素的答案，使素素呆了好一會！

天意弄人

神算子對素素說：「你表姊應該長相漂亮，早年桃花亦旺，追求者甚眾才對。只是命中在到適婚年齡時，官祿宮化忌星相照，夫妻宮煞星又重，然後會為這個或某個原因而錯過了結婚的機會。」

素素聽神算子這麼說，心中冷了一截，呆了一會然後對神算子說：「據表姊說她過去曾找人算過命，說她會配生肖屬雞的丈夫的，你看有沒有這回事。」

神算子輕咳了幾聲然後接着說：「據我看你表姊不可能會結婚的了，但到五十歲左右，她會有一名甚稱心的伴侶，只是沒有名份而已！」

素素還是不服氣，再追問神算子道：「那麼肖雞的丈夫到底有沒有這回事？」

神算子沒好氣地對她說：「你叫你表姊忘記了這事吧！」

素素又再追問道：「那麼她日後的伴侶，你說是欠名份的，是否屬雞的呢？」

神算子很鄭重的對素素說：「你叫你表姊不可再惦記着甚麼配夫肖雞這事。以後遇到與自己相得的男子，相聚時大家都感到快樂的話，那就是有緣了！管他是肖雞的還是不是肖雞的。」

至此，素素已覺得無話可說，無奈地對神算子說聲謝謝便收線。收線後，素素的腦海整天都在盤旋着一個問題，那就是自己這生是否被「小靈鬼」害了。若非「小靈鬼」說自己是「婚宜遲遲乃堪配」及「配夫屬雞」，自己也可能早已嫁了。但再回想到神算子對她說：「官祿宮化忌星相照，夫妻宮煞星又重，然後會為這個或某個原因而錯過了結婚的機會。」想到這裏，素素不免深恨天意弄人！

命運配合？

素素的故事告一段落。從這個故事，不免使人覺得，有些人物如「小靈鬼」——江湖上的混水摸魚者，素素之鬼使神差的到他那裏去算命，確是有「天意弄人」之感。特別是素素的命盤，本來就記載着她桃花旺、追求者甚眾，但卻為某種原因而錯過了結婚的機會，而「小靈鬼」之出現，似是配合着她的命運而來！

「小靈鬼」這類人物歷代以來江湖上多的是，是否折福姑不置論。但被誤導者，若非如素素那樣終獲名家指出本身命運就是如此，必然會氣憤難平。

從前文我寫替人看風水一再遇到失約與素素這個故事，主旨說明世事有時真似有「天意」存焉！

從「天意」這兩字，使我想到更多近年發生在我身上的事。

如多年前，我到台灣去替朋友看他工廠的風水。期間朋友介紹我認識了一位出版商，談起來亦頗投契。

那位出版商以前在台灣的出版事業很順利。但到當年，不知是否運氣走下坡，一落千丈。

記得有一天晚上，幾位朋友約我到某飯店晚飯，那位出版商亦在座。

席上有朋友說起台灣的術數風氣甚盛，有關書籍既多且亦暢銷。

一位朋友知道我擁有許多已故高手的手抄本，其中包括有風水及紫微斗數的，亦有一些是其他門派的術數。

這位朋友姓陳，他對我說難得我保存有這麼多名家的手抄本，照理不宜過於自珍，有機會應公開出版讓大家研究才對。

此事我本來答應了，但終又告吹！

被人冒認

姓陳的朋友對我說，他的出版商朋友近年運氣不濟，如果我所保存的術數秘本讓他出版，必可使他重振聲威。當時我覺得這也好，既可讓一些手抄本公開，也幫助一位朋友。反正我也無意賣秘本來圖利。

不料那位出版商聞言之後，一點欣喜表情也沒有，只有默然不語的坐在那裏。

我心裏覺得很奇怪，難道他的運氣真的足以使他機會在前也懵然不知！我從來未考慮過出版那些手抄本，只有這次就遇到如此情況，當時我亦頗為不解。

過了數天，我剛巧遇到一位台灣朋友，他與那位出版商也是稔熟的，談起這事，他才告訴我，原來那位出版商因為債台高築，正為解決債務煩惱。而替他印刷書籍的印刷廠也未必肯再替他印書，所以才有這樣的反應，並非對出版手抄本無興趣也！後來我在想，此亦「天意」不讓我把手抄本付梓，亦可能是時機還未到。

而另一相似事件卻是在某年有人斗膽冒認是我，替人看風水及算紫微斗數。

如某雜誌多年前訪問某廣告公司，該廣告公司的主持人說曾請「紫微楊」看風水，那人就不是我，我從未替該廣告公司看過風水。

在過去多年，有人冒認是我，亦有人冒認是我的師兄弟，更奇的是有人冒認是我的師叔。這些事早已廣為人知，新聞界和術數界的一些老朋友都說那是由於我太低調所致。因為不少人只聽過「紫微楊」之名而未見過「紫微楊」其人，所以才有人夠膽冒充。

而事實，到如今，我大半生是傳媒的一分子，要搞宣傳會比一般人容易，只是我不喜歡這套而已！

結果他們向我作了一些提議。

花開花落

有朋友建議我今後出版的書籍，都應附有照片，不要再用漫畫像。那麼，冒充的人總會有所顧忌，因為凡讀過我的著作者，都會認得我的樣子，使冒充者無所遁形。

另外又有朋友建議我不妨公開露面一下，如搞一個術數講座，講述一些有關紫微斗數或玄空學上的一些不傳之秘。

在一九九四年初新春時，當年沈氏易學會的主持人之一的陸毅先生也曾向我作出這項建議。

記得當時是在沈氏易學會的春茗席上，同席的有多位術數界名家及氣功師。我當時亦為意動，並當着眾人說，如果舉辦這個講座，所有門券的收入，除去籌辦者的開支和應得的一份外，我自己的那份我並不想要，拿來捐給慈善機構可也。因為我的目的不在牟利也。

結果此事又告吹，而原因更為微妙，亦有天意存乎？

就在我準備整理資料之時，我收到一份評論本港術數界人士的傳真文字，此事我在前文亦曾提及。該文章不知發自何人，但自稱是某會的組織，攻擊我吹噓鐵板神數。在本港術數界，把我排名第二十六。

排名高低我並不在乎，反正我是慣於低調的人。只是考慮到如朋友的建議舉辦講座，這項攻擊與排名可能有很大影響。到時若入座者只得「小貓三兩隻」，或遭遇到搗亂及喝倒采，那就自找苦吃了！終於重新返回求取逍遙隱逸的心態，配合《燃犀日知錄》的結束，使我想起一對聯，忘其出處，但很合我心意。

寵辱不驚，看庭前花開花落。

去留隨意，任天上雲捲雲舒。